STILLE GESPRÄCHE MIT DEM HERRN

STILLE GESPRÄCHE MIT DEM HERRN

von

EVA BELL-WERBER

8. Auflage

Turm-Verlag, D-74321 Bietigheim-Bissingen

Die Übersetzung aus dem Amerikanischen besorgte Hedi Haase.
Die Originalausgabe erschien unter dem Titel: Quiet Talks with the Master, im Verlag De Vorss & Co., Los Angeles 15, California.

ISBN 978-3-7999-0003-4
8. Auflage 2018

Herstellung: Druck: CPI books GmbH, 25917 Leck

INHALT

Denen zugeeignet, die
mit mir den Weg gehen.

VORWORT

In Zeiten der Meditation wurden diese Gespräche mit dem Herrn der Menschheit gehalten. Mögen sie für jeden, der sie in sich aufnimmt, zum Pfad in das Geheimnis Seiner Gegenwart werden. Sie sind zart in ihrer Innigkeit, einfach in der Sprache, doch sie enthalten Wahrheiten, so lebensvoll, wie sie nur je den Menschen gegeben wurden.

„Haltet und sucht alle Gebote des Herrn, eures Gottes."
1. Chronik 28,8

DER THRONRAUM

Mein Kind, im innersten Zentrum deines Seins ist ein goldener Thron, wo die Göttlichkeit wohnt. Hierhin kannst du kommen und deinem Herrn in der Stille deiner eigenen Seele begegnen. Komm jeden Tag, mein Kind, setze eine besondere Zeit fest. Komm, klopfe an die Tür deines Herzens, und sie wird sich auftun, und du wirst hineinkommen und beglückende Vereinigung mit dem Herrn deines Lebens halten.

Ich weiß, mein Kind, es ist oft schwer, sich allein loszureißen; die Sorgen und Pflichten des Lebens drängen so stark und binden so fest. Aber wenn du es nur versuchtest, würden alle diese Sorgen und Pflichten ihr richtiges Maß erhalten, und du würdest eine solche Erneuerung von Kraft und Schönheit und Ruhe des Geistes finden, daß, wenn du diesen geheiligten Ort verläßt und wieder an dein Tagewerk gehst, du jede Sorge erhellt und den Weg jeder Pflicht geebnet finden wirst.

„Aber“, sagst du, „wie soll ich diesen Thronraum meines Herzens finden, wie kann ich dieser göttlichen Gegenwart nahekommen?“ Und Ich sage dir: Nur indem du ganz stille wirst, kannst du den Weg finden. Und wenn du ihn findest, wird die Tür sich öffnen, und dein ganzes Wesen wird ein Glanz überfluten, von dem du nie zuvor geträumt hast. Dieses Stillsein bedeutet keine leere Stille, sondern vielmehr ein beständiges Gefühl innerer Ruhe, das du erlangen wirst, wenn du das sichere Wissen hast, daß dein Gott auf seinem Throne ist, nicht in einem weit entfernten Himmel, sondern im Zentrum deines eigenen Seins.

So wirst du zu dieser großen Stille kommen, und in dir wird die Erkenntnis erwachen, daß du vor einer Tür stehst, die lange verschlossen war. Doch sei gewiß: Sowie du anklopfst, wird die Tür sich öffnen, und du wirst vor deinem Christus knieen, der dort auf dem Throne sitzt.

Und so werde Ich Tag für Tag mit dir sprechen, wenn wir uns von Angesicht zu Angesicht begegnen. An jedem Tag solltest du eine besondere Zeit bestimmen, um mir zu begegnen. Ich werde auch zu anderen Zeiten mit dir sprechen können und an vielen Orten, wenn du nur dein Ohr der Musik meiner Stimme zuwenden willst. Am frühen Morgen, wenn die Welt zu ihrer Lieblichkeit erwacht; während der Hitze des Tages, wenn die Arbeit unterbrochen werden muß und du eine Zeitlang am Rande der Aktivität des Lebens ruhst; zur Stunde des Sonnenuntergangs, wenn stille Schatten über das Land fallen und die Farben wechseln und sanfter werden und sogar die Luft durch meine Gegenwart ruhig und lieblich wird. Und oft wieder während der stillen Dunkelheit der Nacht wirst du wach sein, nicht ruhelos, sondern um stille zu liegen und mit mir zu sprechen.

So werden meine Worte jeden Mangel ausgleichen, wenn du auf dem Pfad des Friedens wanderst, und du wirst die Gefährtenschaft spüren und wissen, daß die Hand des liebenden Meisters der Menschen deine Hand hält und dich bei jedem Schritt des Weges vorwärts und aufwärts führt.

DAS ZENTRUM DEINES SEINS

Ich bin das Zentrum deines Seins. Ich bin das Zentrum des ganzen Universums. Wenn dieser Gedanke in dir lebendig wird, wird alle seine Macht dein Leben durchfluten. Lebe heute in diesem Bewußtsein, mein Kind, dann wirst du bereit sein, noch andere Wahrheiten und Lehren zu empfangen, die Ich dir in Kürze geben möchte. Jeden Tag sollst du eine Botschaft empfangen, die wie ein Wegweiser auf dem Pfad des Lebens sein wird.

DIE URSACHE

Ich bin das Zentrum deines Seins. Ich bin die Ursache von allem, was in dein Leben kommt. Wenn Sünde, Krankheit oder Not in dein Dasein kommen, so hast du sie durch Mißachtung meines vollkommenen Gesetzes herbeigebracht. Du bist einem Gesetz deines eigenen äußeren Selbst gefolgt, du hast es beherrschend werden lassen und empfängst so die Auswirkung. Je mehr du dir dessen bewußt wirst, daß das Äußere nur der Ausdruck des Inneren ist, je mehr du erkennst und verwirklichst, daß Ich das Zentrum deines Seins bin und daß das Äußere nur das Haus ist, in dem Ich wohne, um so mehr werde Ich, entsprechend dem Grad der Verwirklichung, fähig sein, mein vollkommenes Wirken in deinem Leben in Erscheinung zu bringen. Trage heute diesen Gedanken mit dir, daß Ich die Ursache bin, dann wird die Auswirkung auf dein Leben so sein, daß du mich nur verherrlichst.

DAS ABSOLUTE

Ich bin das Absolute.

Mich als das Absolute zu sehen in allem Leben, in deinem persönlichen Leben, im Leben aller Dinge, ob Pflanze, Mineral oder Tier, bedeutet, zur höchsten Form der Verwirklichung zu gelangen. Dann weißt du, daß jede Zelle, nicht nur in deinem Körper, sondern im Universum, ein lebendiger, vibrierender Teil von mir ist.

Ich bin alles, was ist.

Was nicht von mir zu sein scheint, ist nur in deinem sterblichen Mißverstehen begründet. Diese volle, umfassende Erkenntnis ist mehr als Wissen und kommt dir nicht auf einmal. So sei nicht bestürzt, wenn sie manchmal nur eine nebelhafte Idee zu sein scheint, sondern strebe beständig, sie zu einer regelmäßigen Übung deines täglichen Lebens werden zu lassen. Übe meine Gegenwart jederzeit, dann wirst du erschauern durch den machtvollen Strom meines Geistes in dir, so wie die Felswände des Canyons erbeben und den Sturz der mächtigen Wasser widerhallen, die zwischen ihnen herabschießen. Geh voran in den Pflichten deines Tages und wisse: Ich bin das Absolute.

DIE WÄRME DER GEGENWART

Es ist dir jetzt gezeigt worden, daß Ich die Ursache bin und daß Ich das Absolute bin. Diese Begriffe scheinen manchmal kalt und hart, aber wenn du sie ganz erkannt, sie zu einem Teil deines Lebens gemacht hast, wirst du wissen, daß Ich warm, vibrierend und liebevoll in dir bin. Ich strahle durch dein Sein wie die Wärme der Sommersonne, so kühl und erfrischend wie ein Bergwind, so ruhig wie eine sternklare Nacht und wie die Süße einer blühenden Wiese.

So fürchte nicht, mein Kind, daß — indem du mich als die Ursache und das Absolute siehst — du die Innigkeit einer beglückenden Gegenwart verlieren wirst. Du sollst alles gewinnen durch diese Erkenntnis, die sowohl dein Leben wie das Leben derer, mit denen du Kontakt hast, zu einer schimmernden Wirklichkeit macht.

Geh nun und nimm die Süße und Wärme meiner Gegenwart mit dir.

DEIN EINZIGER FÜHRER

Wahrhaft Geliebte, deine Seele spricht zu dir. Ich führe dich in viele neue Erfahrungen, und dein einziger Führer wird diese meine innere Stimme sein. So ist es dringend nötig, daß du lernst, gut auf sie zu achten. Wisse, daß jeder Wunsch, jedes Drängen deines Herzens, wenn du auf meine Stimme lauschst, mein Wunsch sein wird. Und wenn dein Leben erfüllt ist von meinen Wünschen, dann wird kein Platz mehr sein für Wertlosigkeiten, und sie werden vergehen, wie die Nebel vor der Sonne vergehen.

Du möchtest das beweisen, und Ich sage dir jetzt, daß dies der einzige Weg des Beweises ist: Erfülle dein Leben so völlig mit meinen Wünschen, meinen Gedanken, daß Ich, der Absolute, der alles erschuf, durch dich meinen Wunsch erschaffen werde. Er wird dir vielleicht eine Schöpfung deines sterblichen Gemütes zu sein scheinen, aber denke nie, daß es so ist. Wisse, daß du nur das Instrument bist, das Ich benutze, um physische Dinge in einer materiellen Welt zu erschaffen. Geistiges in einer geistigen Welt wird ohne das Medium eines physischen Wesens erschaffen. Um das Geistige im Materiellen offenbar werden zu lassen, muß Ich physische Medien benutzen, die Ich dazu erschaffen habe. Darum habe alles denkbare Vertrauen und danke für die physische Offenbarung meiner geistigen Idee, daß du nur das zum Ausdruck bringst, was Ich wünsche.

Geh nun, erbringe den Beweis und wisse, daß in seiner Erfüllung es genau so geschieht, wie Ich es beschließe.

SEI STILL

Sei still! Nicht in einer Stille, wie du sie je zuvor gekannt hast. Die Stille, die auf dem Grunde des Meeres liegt, ewig ruhig, doch ewig vibrierend und kraftvoll in unendlicher Tätigkeit. Nur indem du diese äußerste Stille erreichst, kannst du die volle Verwirklichung der früheren Gespräche erlangen. Du mußt lernen, diese Stille zu halten, dich in jedem Augenblick in sie zurückzuziehen, wenn irgendeine Verwirrung sich in deiner Umgebung oder Gedankenwelt erhebt. So werden sich alle Schwierigkeiten von selbst durch meine Kraft auflösen, die durch dich wirkt. Lerne augenblicklich still zu sein und gib acht, wie Gottes Macht am Werke ist. In dieser mächtigen Stille werden alle Beweise erbracht.

MEINE BERÜHRUNG

Ich habe dir gesagt, daß es in deinem Sein einen Thron gibt, wo der „Ich bin“ wohnt. Von diesem Thron strömen alle Lebenskräfte deines Seins und deiner Existenz hervor.

Wenn diese Kräfte durch dich fließen, berühre Ich mich selbst in meinem Universum und bringe dadurch vollkommene Harmonie sowohl im Inneren wie im Äußeren hervor. Lerne, oft vor diesem Thron zu knieen, und trinke von der Macht, die auf ihm regiert. So wird meine Macht deine Macht werden, die du in all deinen täglichen Handlungen anwenden wirst.

Nur wenn du vor meinem Thron kniest und deine menschliche Persönlichkeit völlig meiner göttlichen Persönlichkeit unterwirfst, kann dir erlaubt werden, meine Macht zu gebrauchen, jedoch nur unter meiner Leitung.

Nimm diese Botschaft mit dir durch den Tag. Sprich oft zu mir. Alles, was Ich geäußert habe, wird erfüllt, und jedes Wort, das du äußerst, wird schöpferisch durch meine Macht.

CHRISTUS LEBT

Mein Kind, höre zu. Durch die Zeitalter kommt das Echo: „Christus lebt!“ Der Christus ist nie gestorben, außer im Bewußtsein des Menschen. An jedem Tag, wenn du die beglückende Gegenwart meines Geistes vergißt, werde Ich an das Kreuz der Materie geschlagen. In jedem Augenblick, in dem du dein Herz und Gemüt meinem Einströmen öffnest, wird der Stein von deinem Herzen gerollt, und der vollkommene Christus erhebt sich in Freude und Schönheit aus dem Grab, hinaus in dein tägliches Leben.

So wird meine Kraft freigegeben für alle deine täglichen Nöte, so wird meine Kraft deine Kraft, damit sie sich beweise, sowohl für dich selbst als auch für jene, die Ich zu dir sende, damit du ihnen hilfst. Dann wirst du wissen, daß nicht du wählst, wem du helfen oder dienen sollst. Ich werde dein Leben zu solcher Vollkommenheit führen, daß jeder Schritt auf dem Weg von mir gewählt wird und du nur zu gehen brauchst in dem Vertrauen, meine Herrlichkeit enthüllt zu sehen.

Geh jetzt, mein Kind, und wisse, daß der Christus tatsächlich sich erhoben hat. Sich erhoben hat für dich in einem weiteren Sinn als je zuvor. Das Grab oder das Kreuz wird Ihn in deinem Bewußtsein nie wieder zurückfordern. Erbringe jetzt den Beweis für das Wissen, daß Er, der alle Macht ist, auf der Straße an deiner Seite geht.

DIE SCHÜTZENDE LIEBE

Mein Kind, ich fühle manchmal Furcht in deinem Herzen, wenn du voraus schaust. Du möchtest gerne wissen, was dir auf der unbekannten Straße begegnen wird. Das ist nicht nötig und muß nicht sein. Denke daran, daß meine Hand, die deinen Weg leitet, die Hand der göttlichen Liebe ist. Die Ich als meine Mittler leite, um dich zu führen, sollen nur durch Liebe führen. Manchmal wird es nur ein Überprüfen oder kurze Befehle geben, aber das wird nur sein, wenn du strauchelst oder zu lange auf dem Weg zu zögern scheinst. So siehst du, daß es nichts zu fürchten gibt, nie wirst du allein gelassen, immer ist ein Mantel schützender Liebe um dich gelegt.

So, mein Kind, beachte, daß jeder Tag seine Lehren enthält und seinen Fortschritt enthalten muß, und wisse, daß du nur durch Göttliche Liebe geleitet wirst.

„Ich bin der Herr, dein Gott, der dich lehrt, was dir hilft.“ Jesaja 48,17

Absender:

Name, Vorname

Strasse

PLZ / Wohnort

Tel / Fax / eMail

Weitere Interessenten oder Wünsche:

An

Lorber-Verlag und
Turm-Verlag GmbH & Co. KG
Hindenburgstraße 5
74321 Bietigheim-Bissingen
Deutschland

DER ALLTAG

Heute war ein Durchschnittstag. Du hast deine alltäglichen Pflichten getan, du hast die Stunden mit notwendiger „Geschäftigkeit" erfüllt, doch allezeit wurde Ich durch dich ausgedrückt. Der schnelle Wechsel von einem Gefühl des Ärgers zu einem Gedanken des Mitleids war mein tätiger Geist. Dein Lächeln, selbst wenn du dich darüber wundertest, war der Ausdruck deines innersten Seins. Immer strebe Ich nach Ausdruck durch dich, oft vergeblich. Aber Ich gebe dir diese einfachen Beispiele, um dir zu zeigen, wie du befähigt wirst, durch das Lauschen auf meine Stimme, durch das Befolgen deiner höheren Impulse, mich auszudrücken in jeder Tätigkeit dessen, was du für einen Alltag hältst.

So wird dein Leben bereichert und die Leben, die du berührst, genau wie wenn ein Kieselstein ins Wasser geworfen wird, und die kleinen Wellen bewegen sich weiter und weiter.

DIE LEHRE ZU LEBEN

Du beginnst gerade zu erkennen, wie schwierig meine Lehren sind. Ihre Sprache ist einfach, und die Gedanken scheinen klar und leicht zu verstehen; aber im täglichen Leben, in der beständigen Anerkennung ihrer Wirklichkeit erkennt man die Schwierigkeit.

Sei nicht entmutigt, wenn es völlig unmöglich erscheint, diese Tatsachen meiner dynamischen Kraft zu einem tätigen Bestandteil deines Lebens zu machen. Nur durch eine beständigere Hinwendung zu mir in deinem Inneren wirst du dazu fähig. Arbeite stetig daran. Versuche jeden Tag zu erkennen, daß Ich das Absolute bin, was bedeutet: alle

Macht, alle Versorgung, alle Gesundheit, alle Freude, alle Lieblichkeit, die unaufhörlich durch und um dich fließen. Du hast viele andere Lehren zu lernen, aber keine wird größer sein als diese. Ehe diese nicht in deinem Leben vervollkommnet ist, müssen die anderen vor dir verborgen bleiben. Eile dich, es gibt viel zu tun und viel zu lernen, und die Straße liegt voller Schönheit vor dir.

TATEN — KEINE ERGEBNISSE

Laß uns still für einige Augenblicke miteinander sprechen.

Du beginnst zu erkennen, wie Ich dich in jedem Augenblick deines Tages führe und leite. Ich sende dir jene, denen du helfen sollst, wie Ich es von dir erwarte. Schau nicht über den Augenblick des Helfens hinaus und versuche nicht, Resultate zu sehen. Das liegt in den Händen deines Vaters. Es mag dir Freude sein, das Erwachen zu sehen und das volle Blühen deines Werkes, und zu seiner Zeit wird das so sein — aber jetzt mußt du vertrauend arbeiten. Es ist einer der Wege, um zu wachsen, und ein Teil des göttlichen Planes für dich. Wenn Ich sehe, daß du bereitet bist, werde Ich von Zeit zu Zeit den Schleier heben und dir die größte Freude schenken, die sich denken läßt — die Freude, die Erfüllung deines Werkes in meinem Dienste zu sehen.

Geh nun, nicht um nach Resultaten zu suchen, sondern um Taten zu verrichten, und immer wirst du zu denen geführt werden, die ein Wort der Hilfe und Aufmunterung brauchen. Du bist gesegnet, indem du zu einem Instrument in meinem schöpferischen Dienst erwählt worden bist.

MEINE WÜNSCHE

Mein Kind, du bist am Ende deines Tages angelangt, und immer habe Ich dich durch seine Stunden geführt. Du hörtest meine Stimme und beachtetest sie. Jetzt, wo die Abenddämmerung über dem Land liegt und milder Regen gegen das Fenster fällt, kann Ich ganz nahe zu deinem Bewußtsein kommen, und du wirst erfahren können, daß die Zärtlichkeit meiner Gegenwart alle Dunkelheit vertreibt. Wenn du jetzt vertrauensvoll, gläubig zu meinem Thron kommen willst, werde Ich dir von meinen kostbarsten Schätzen geben. Ich, der Absolute, spreche durch deinen Geist meine Wünsche aus. Kann Ich anderes tun, als meinem eigenen Ruf antworten?

Bitte nun. Fürchte dich nicht. Es wird erfüllt werden. Komm wie zu einem liebenden Vater, dessen ganzes Entzücken es ist, seinen Kindern gute Gaben zu schenken. Und Ich sage dir, daß du nicht unbelohnt davongehen wirst.

DER BAUM

Laß uns still für einige Augenblicke miteinander sprechen. Beruhige alle deine äußeren Gedanken und höre nur meine Stimme, die Stimme des Schweigens.

Ich wollte dir die Vision des wunderschönen Baumes bringen. Der Baum steht in voller Blüte und stellt dein Leben und alle Leben dar. Dein Leben wird immer mehr wie dieser liebliche Baum voll prächtiger Blüten werden. Wenn du weitergehst auf dem Pfad und deine Augen immer auf mich richtest, wisse, daß du in meinen Dienst getreten bist. Sei sehr behutsam mit jedem Wort, jedem

Gedanken, jeder Tat. Zur rechten Zeit wird dein Lebensbaum eine goldene Ernte für mich tragen. So wirst du den Baum meines Lebens in die Herzen und Seelen derer bringen, die unter deine geistige Leitung kommen. Ohne daß die Blüten des Baumes teilhaben an Sonne und Luft und Regen aus Gottes Himmel, welken sie und sterben, ehe sie Frucht bilden. Ebenso, mein Kind, mußt du teilhaben an meiner Gegenwart, meiner Macht und meiner Führung. Wenn du dies nicht tust, wird dein Lebensbaum — wie schön seine Blüten auch sein mögen — die volle Herrlichkeit der Frucht nicht tragen können. So meine nie, daß du stark genug bist, allein zu gehen, und versäume keine Gelegenheit für diese stillen Gespräche mit mir, denn wenn Ich dich nicht führe, werden die Blüten abfallen, und dies Werk, das vollbracht wurde, müßte ganz und gar noch einmal getan werden.

Wieder und wieder soll dein Leben zur Blüte gebracht werden, bis du weißt, wie du es in der Ordnung weiterführen sollst, in der es goldene Früchte trägt. Mein Kind, Ich bin dir immer nahe, und meine Helfer stehen nahebei, um deine Schritte auf dem Weg des Friedens und Dienens zu leiten.

SPRICH MIT MIR

Zärtlich und sanft spreche Ich zu dir. Du sollst offener mit mir reden. Lerne, mit mir über die Probleme und Dinge zu sprechen, die dein irdisches Denken zu stören scheinen. Du trägst diese Dinge zu sehr allein. Sie untergraben deine Lebenskraft und verhindern deinen Fortschritt und die Fähigkeit, die Stimme in deiner Seele zu hören. Jeden Morgen, wenn du zu meinen Füßen sitzest, bringe alle Verwirrungen des Augenblicks mit, ganz gleich, ob sie von größerer oder kleinerer Bedeutung sind. Sprich frei mit mir über sie, denn niemand sonst ist dir und diesen Problemen so nahe, wie Ich es im Herzen deines Seins bin.

Du hast gelernt, still zu sein, damit Ich zu dir sprechen kann. Nun mußt du lernen, zu mir zu sprechen. Denn nach unserer liebevollen Vereinigung wirst du fähig sein, alle Verwirrungen beiseite zu schieben und voranzugehen in der Rüstung des Christus-Bewußtseins mit klarem Gemüt und offen für die höchsten Einflüsse. Beachte diese Worte gut, mein Kind, denn sie werden in kommenden Tagen lebensnotwendig für dich sein.

BRING DEINE BÜRDEN

Heute möchte Ich dir eine neue Botschaft bringen, die den Schlüssel zu vielen Dingen enthält.

Ich habe dir gesagt, wie du lernen mußt, zu mir zu sprechen. Wenn du jeden Morgen in stiller Bescheidenheit zu der Tür des goldenen Thronraumes in deinem Herzen kommst, wird sich die Tür weit für dich öffnen, und du trittst wie ein müder Pilger ein, deine staubbedeckten Lasten tragend, die du auf der großen Straße deines Lebens gesammelt hast. Wenn du niederkniest vor meiner Gegenwart auf dem Thron, nimm eine Bürde nach der anderen von deinem Herzen. Manche scheinen fast zu klein und unbedeutend zu sein, um ein so großes Bündel auszumachen, und sind so neu erst erworben, daß du dich über ihr Gewicht wunderst. Andere magst du lange getragen haben, und diese sind mit den innersten Fasern deines Herzens verbunden. Aber fürchte dich nie, mein Kind, sie alle sind in meinen Augen Bürden.

Alle Dinge, wie klein auch immer, die die Seele fesseln, müssen von deinen Schultern genommen werden. So gib sie alle mir. Sprich mit mir über sie. Sage: „Mein Herr und König, dies mag klein erscheinen, aber es plagt und behindert mich. Nimm es fort, damit ich frei bin!" Und wenn dann diese Bürden, ob groß oder klein (und die „kleinen" werden immer bei weitem an Zahl die „großen" übertreffen), in meine Obhut gegeben worden sind, werden sie augenblicklich von dem heiligen Feuer auf meinem Altar verzehrt werden, und du wirst aufrecht und frei in meiner Gegenwart stehen.

Du betratest den Thronraum durch eine weit offene Tür als ein Sterblicher, der eine schwere Last trug. Wenn du ihn verläßt, bleibt die Tür verschlossen, und du gehst hinaus als ein freier Geist. Keine Bürde kann durch diese geschlossene Tür wieder in das Äußere gelangen, und der wohlduftende Weihrauch meines Altarfeuers wird an deinen Kleidern haften, und du wirst den ganzen Tag zwischen deinen Mitmenschen einhergehen mit den Zeichen meiner Gegenwart auf dir.

GEH FREI HINAUS

Du mußt mit der Zeit lernen, oft zum Thronraum zu kommen. Du mußt nicht warten und nur dann kommen, wenn du viele Bürden zusammengetragen hast; denn während du auf der Ebene des sterblichen Denkens bist, wirst du immer Bürden an dich ziehen, und im gewöhnlichen Schicksal gibt es kleine ärgerliche Dinge. Doch du wirst lernen, oft durch die weit geöffnete Tür zu kommen und zu mir von den Dingen zu sprechen, die dich immer wieder zu stören scheinen. Die Tür ist immer offen, wenn du kommst, doch immer geschlossen, wenn du hinausgehst. Denke daran, daß keine Bürde zu groß oder zu klein ist, um sie meiner Gegenwart zu bringen, doch keine darf ausgenommen werden. Du sollst still in meine Gegenwart kommen, aber du wirst sie verlassen, indem du Dankesgebete singst dafür, daß du freien Geistes hinausgehst.

Du sagst: „Herr, ich glaube, ich fühle wieder die Schwere derselben alten Last; ich kann es kaum glauben, daß sie nicht mehr auf meinem Herzen liegt."

Zuerst mag es so scheinen; aber wenn du wieder und wieder kommst, gefesselt, und gehst frei fort, wird dein Bewußtsein begreifen, daß es nur die Erinnerung an die alte Last ist, die du mit dir herumschleppst, und dann wird es nicht mehr lange dauern, bis selbst die Erinnerung nicht mehr durch die geschlossene Tür gehen kann. Und wenn dies alles von dir genommen wird und dein Gemüt heiter und offen für meine Stimme und meinen Einfluß bleibt, wirst du bemerken, daß alle Angelegenheiten deines äußeren Lebens den Rhythmus meiner Schritte annehmen, und von deinem Wesen wird eine Harmonie Besitz ergreifen, wie du es selbst in deinen Träumen nicht für möglich hieltest. Laß uns zusammen arbeiten, mein Kind, als zwei, die tatsächlich Eins sind. Laß uns miteinander sprechen. Komm zu mir als meine Geliebte, denn Ich wünsche, daß du frei bist — frei für mein schöpferisches Werk, frei, um zu wachsen und zu blühen und Frucht zu tragen in meinem Dienst. Geh nun, aber komm oft und sprich mit mir, denn Ich habe dir vieles zu sagen, wenn du ganz nah zu mir in den stillen Frieden meines Heiligtums in deinem Herzen kommst.

FREIGEBIGKEIT

Ich wünsche, daß du mit der Botschaft lebst, die Ich dir gerade gegeben habe. Sie ist so erfüllt von meiner Wahrheit, daß sie zu einem wirklichen Teil deines Seins gemacht werden muß. Es gibt viele andere Wahrheiten, die Ich für dich habe, aber Ich schenke sie nur, wenn die früheren Lehren gelernt sind. Zu schnell zu vieles geben ist, wie wenn man einem Kind zu viel Süßigkeiten gibt. Mein Kind, gesegnet bist du, daß wir miteinander sprechen können, daß nicht nur dein Leben, sondern viele andere Leben bereichert werden.

Wenn du zurückschaust, hast du einen großen Schritt im Bewußtsein gemacht, dennoch bist du erst am Anfang des Weges. Solche Reichtümer halte Ich für dich bereit, wenn wir dahinwandern, deine Hand in der Meinen! Ich gebe freudig dem, der so eifrig ist zu empfangen. Ich sehne mich zu geben und werde es geradeso schnell tun, wie du fähig bist, die Herrlichkeit meiner Gaben zu tragen. Mein Kind, beuge dein Haupt, damit meine Hand segnend auf ihm ruhen kann, ehe du mit mir hinausgehst in die Pflichten des vor dir liegenden Tages.

DIE FLUT GOLDENEN SCHWEIGENS

Höre mir ruhig zu! Mein Kind, wenn du den goldenen Thronraum deines innersten Seins betrittst, wenn du vor mir auf dem Thron deines Bewußtseins kniest, ist es nicht immer nötig, daß Worte zwischen uns gewechselt werden. Oft will Ich mich dir darbringen in einer Flut goldenen Schweigens. Wenn dieser geheiligte Ort die Herrlichkeit meiner Gegenwart annimmt, nimmt er einen Frieden und eine Reinheit an, die sich das menschliche Denken nicht ausmalen kann. Ich möchte dich einhüllen in diese Schwingungen. Meine Hand auf deinem gebeugten Haupt, möchte Ich, daß du diese erhabene Herrlichkeit ganz in dich aufnimmst. Ich kann dir in dem tiefen Schweigen ein goldenes Glühen schenken, das du wie eine Rüstung den ganzen Tag trägst, und nur Liebe wird sie durchdringen können.

Du fühlst oft ein Gewicht auf dir liegen, du weißt nicht, warum noch woher es kam. Das kann Ich fortwaschen durch diese reine Strahlung. So siehst du, daß diese Begegnungen, die du so treu einhältst, dreifacher Natur sind. Da ist der Vater, der wie der liebevolle irdische Vater dir die Gaben der Gesundheit, des Überflusses und der Fülle aller Dinge schenkt. Die größte unter diesen ist die Gabe des Sohnes, der von deinem Herzen alle Lasten nimmt, sie in seinen heiligen Händen zu der goldenen Flamme des Altar-Feuers trägt und dich von allen Begrenzungen frei macht. Dieser selbe Vater-Gott gibt dir den Heiligen Geist, der in der Tiefe dieses großen Schweigens jedes Atom deines Seins mit einem heiligen Feuer göttlicher Schwingungen durchströmt. Dann bist du wie eine goldene Saite auf der Harfe deines Herrn. Von diesen dreifältigen Begegnungen gehst du hinaus in die Welt der Menschen als ein Träger der Gaben des Vaters, frei von deinen Lasten durch die Gnade des Sohnes und gebadet in einem Feuer der Gerechtigkeit durch den Heiligen Geist. So nimmt die heilige Dreieinigkeit ihren Platz in deinem Leben und im Leben der anderen ein.

FÜHRENDE HÄNDE

Es gibt bestimmte Dinge, von denen Ich an diesem Morgen zu dir sprechen möchte, mein Kind. Oft fühlst du eine Verwirrung in deinem Denken, wie wenn du in einem dunklen Raum nach einem Licht tastest, das du nicht finden kannst. Aber höre: wer sucht, wird immer finden. Keine Seele ist so hoffnungslos in der Dunkelheit verloren wie die Seele, die meint, sie habe alles Licht. Es gibt viele Grade von Helligkeit, doch ganz gleich, wieviel du hast, es gibt immer noch mehr für dich zu erringen. Manches Licht kann dir kein Mensch geben, es kann nur von mir im Zentrum deines Seins kommen. Aber führende Hände helfen dir und sind angewiesen, es zu tun. Fürchte dich nicht; erinnere dich, daß Ich dir gesagt habe, daß Ich an deiner Seite bin und auf dem Weg mit dir gehe und spreche. Kann Er, der die Ordnung und den Rhythmus des großen Kosmischen Universums plante, von dem du ein Teil bist, anderes als Ordnung in das Leben bringen, das so fest von Ihm geleitet wird?

Lebe heute jeden Augenblick unter meiner Leitung, dann verspreche Ich dir Licht auf dem Pfad und Hilfe auf dem Weg. Nichts in deinem Leben ist Zufall. Folge mir. Ich leite und wähle den Weg für dich, und Ich leite die führenden Hände sowohl auf der Erde wie auf den geistigen Ebenen, um dir zu helfen und dich zu stützen. Sei still, lege alle deine eigenen Gedanken beiseite und laß den Sauerteig meines Geistes durch dich wirken.

REICHTÜMER DER SEELE

Du hast mir die Dinge gebracht, die dich plagen, und hast sie in meine Hände gelegt, damit sie von meiner heiligen Flamme verzehrt werden. Mit ihnen auf deinem Herzen kamst du, und als sie von dir genommen waren, waren sie immer ersetzt durch reiche Gaben des Geistes. Du sollst aus meiner Gegenwart nicht nur ohne Lasten fortgehen, sondern du sollst, beschenkt mit meinen reichen geistigen Gaben, gehen. Wo der Geist des Herrn ist, da sind wirklich Reichtümer. Diese Reichtümer der Seele sind von weit größerem Wert als kostbare Edelsteine, Gold und Silber. Sie erfüllen dein Leben mit solchem Überfluß an Frieden und Liebe, daß dein ganzer Tag dadurch lieblich wird. Alle deine Begegnungen sind Begegnungen der Freude und des Entzückens.

Kannst du nicht sehen, mein Kind, daß du nicht nur dir selbst, sondern der ganzen Welt Schaden zufügst, wenn du einen Augenblick lang eine Last trägst, ob groß oder klein? Du scheinst sie entlang des großen Weges aufzulesen, und sie scheinen wie zähe Kletten an deinen Kleidern zu kleben. Schnell, o ganz schnell gib sie mir, damit sie dir durch eine meiner reichen Gaben ersetzt werden können. Dies ist der Sinn meiner alten Worte, mein Volk solle sich „freuen in Trübsal". Ja, freue dich darin, weil Ich sie von dir nehme, und für jede beseitigte Plage kommt Segen. Mein Kind, Ich sehne mich, dir so viele goldene Wahrheiten zu erschließen, und werde es tun, wenn die Zeit mir recht erscheint. Nun warte still auf den tiefsten inneren Segen und geh dann gefahrlos und sicher in den vor dir liegenden Tag.

DIE HEILIGE ERNEUERUNG

Ich möchte weiter mit dir über die Lasten sprechen, die du mir bringst, damit sie von deinem Herzen genommen und vom Altar-Feuer verzehrt werden.

In deiner Seele erhebt sich die Frage: „Herr, können sie ganz verbrannt werden und so mein Leben loslassen? Was ist mit ihren Auswirkungen, wie soll — indem mir die Furcht vor ihnen von meinem Herzen genommen wird — das Problem sich lösen?"

Höre aufmerksam zu, mein Kind, denn dies ist der Kern im Herzen der Botschaft. Es sind nur die Furcht und das Gewicht der Last, die äußeren Hüllen, die auf dem Altar verbrannt werden. Das Wesentliche wird den Strahlen meiner göttlichen Intelligenz und Weisheit überlassen. Diese wäscht und reinigt es in einer heiligen Erneuerung. Unsichtbare, aber mächtige Kräfte nehmen dieses Innere aus dem Problem heraus und bearbeiten es auf der Grundlage meiner Wahrheit und meiner vollkommenen Harmonie. Die Wiederherstellung im äußeren Leben muß und soll folgen, wie das Tageslicht der Nacht folgt. Nun siehst du, meine Geliebte, daß es keinen Grund zur Furcht gibt; nie bist du gerechtfertigt dadurch, daß du nur einen Augenblick etwas erträgst, was dich quält.

Dies sollst du ausprobieren und als wahr erkennen. Nun hast du ein tieferes Verständnis dafür, wie meine Liebe wirkt, wenn du das Deine tust und das große Vorrecht annimmst, das so freigebig gespendet wird. Du verstehst jetzt, daß du wirklich ein Recht hast, in jeder Weise frei aus diesen Begegnungen zu meinem Dienst hinauszugehen. Wenn du, nachdem du dies weißt, noch von irgend etwas gefesselt bist, sei es bedeutend oder unbedeutend, wird es mir mißfallen und mich sehr schmerzen. Dein Gemüt muß immer offen und empfänglich für meine Wahrheiten sein. Sie können kein Gemüt durchdringen, das äußeren Strömungen unterworfen ist. Frieden und das Geheimnis des Friedens habe Ich dir jetzt gegeben. Geh nun und übe es.

KLEINE SORGEN

Mein Kind, komm für einige Augenblicke zu einem stillen Gespräch.

Du erkennst jeden Tag — wie einfach eine Sache auch sein mag —, daß alle Probleme zu mir gebracht werden müssen. Du erkennst auch, wie klein die meisten von ihnen sind. Jeden Tag scheinen sie sich anzusammeln. Durch kein Gesetz kann der Mensch davon befreit werden, diese kleinen Sorgen zu sammeln. Aber wenn du dich beständig zu mir wendest, dem Plan folgst, den Ich dir gegeben habe, wirst du herausfinden, daß größere Probleme und stärkere Bedrängnisse keinen Platz mehr in deinem Leben haben werden. Wenn kleine Wurzeln von Ärger und Verdruß aus deinem mentalen Garten ausgerissen werden, wird der Rhythmus deines Lebens so auf meinen göttlichen Rhythmus abgestimmt sein, daß alle deine Angelegenheiten glatt und in der rechten, geregelten Ordnung dahinfließen. So ist es, wie Ich dir schon sagte, von äußerster Wichtigkeit, daß jede kleinste Unstimmigkeit mir gebracht wird, damit sie gemäß meinem Gesetz geordnet wird.

INNERE ERFÜLLUNG

Komm, laß mich einen Augenblick mit dir sprechen.

Du empfindest oft Ruhelosigkeit und ein Gefühl des Alleinseins. Das kommt zu dir, damit du dich zu der Gott-

Mutter in dir wendest und Erfüllung findest. Mehr und mehr wirst du die Wertlosigkeit des Äußeren erfahren und die große Kraft des Inneren. Laß diese Tage der scheinbaren Unruhe dich nicht stören. Ich weiß, daß es schwer ist, aber du mußt lernen, daß vor allen anderen Zeiten dies dann die Zeit ist zum Stillesein. Obwohl du meine Stimme nicht zu hören scheinst, wisse dennoch, daß sie durch die schweigenden Tiefen deiner Seele zu dir spricht und daß bald die Strahlen meines Sonnenlichtes den Nebel des äußeren Denkens durchdringen werden; dann wird mein Friede in deinem Herzen sein.

Darum versäume in solchen Zeiten nie, dich an mich zu wenden. Denn welchen Wert habe Ich für Dich, wenn Ich dir nicht helfen kann, wenn du mich am nötigsten brauchst?

PROBLEME

Es gibt noch andere Dinge — abgesehen von den Bürden und unwesentlichen Dingen, die jedes Leben enthält —, von denen Ich heute morgen sprechen möchte.

Ich habe dir gezeigt, wie du jene abtust, und du mußt viel Zeit an die Übung dieser sehr wichtigen Lektion wenden. Nun möchte Ich zu dir über verwirrende Probleme sprechen, von denen jedes Leben seinen Anteil haben muß. Oft kommt nicht nur eines über dich, sondern viele davon, und du wunderst dich über die Art, wie sie dich verwirren. Sie sind ähnlich den Bürden und Sorgen und unterscheiden sich doch von ihnen. Ähnlich insofern, als sie dein Gemüt mit äußeren Dingen und Bedingungen beschäftigt halten und die tiefe innere Vereinigung stören, die Ich mit dir haben will. Sie sind unähnlich in dem Sinne, daß es einiges mehr für dich mit ihnen zu tun gibt.

Sie werden dir gegeben zu einem anderen Zweck und dir gebracht durch eine andere Ursache. Aber, mein Kind, sie ähneln sich auch darin, daß sie zu mir in den Thronraum deines Herzens gebracht werden können. Komm, lege sie alle vor mich hin, lege sie mit den Bürden und Unruhen und Sorgen in meine Hände. Wir werden miteinander über sie sprechen.

Vielleicht werde Ich von einigen sagen: Es ist an und für sich nicht wirklich ein Problem, mein Kind. Laß es ganz bei mir, Ich will es von deinem Leben und Herzen nehmen. Einige, von denen du meinst, es seien Sorgen, will Ich dir als Probleme zeigen. Ich werde sagen: Laß uns hierüber etwas ausführlicher sprechen. Ich möchte hierbei deine Mithilfe, denn dies wurde dir gegeben, damit du zu wählen lernst und richtig zu urteilen. Wenn Ich es ganz aus deinen Händen nähme, würdest du nicht wachsen. Dein Verstandes-Denken muß sich ebensogut entwickeln wie dein geistiges Denken. Um in meinem Dienst vollkommen zu sein, mußt du ausgeglichen und in jeder Weise entwickelt sein.

Hiervon will Ich dir in der nächsten Lektion mehr geben. Komm jetzt mit all diesen Dingen, und Ich will dir zeigen, wie Ich dir in jeder Hinsicht helfen kann, damit dein Leben frei wird für meinen Dienst.

DAS RUHIGE GEMÜT

Mein Kind, wir sprachen zusammen über Probleme, die in ein Leben kommen, die entwirrt werden müssen, durchdacht und durchgearbeitet. Wenn diese Probleme und Fragen in deinem äußeren Erleben entstehen, vergiß nie für einen Augenblick, daß in deinem Inneren der Geist des

Christus ist. Verschwende keine Zeit mit müßigem Spekulieren oder Nachdenken, sondern komm in das Innere zur stillen Betrachtung mit dem Meister deiner Seele. So machst du Ihn nicht nur zu deinem Seelenmeister, sondern auch zum Meister aller äußeren Bedingungen.

Wenn du das Problem vor den Christus-Geist im Inneren legst, wenn du über jede Phase der Verwirrungen sprichst, wenn du sagst: „Herr, ich weiß nicht, wie ich mich hierin entscheiden soll, ich kann die Zukunft nicht sehen und nicht wissen, was das Beste in kommenden Tagen ist", dann wird ein stiller Friede kommen, der das äußere Gemüt so beruhigt und still werden läßt, so ruhevoll, daß das innere Gemüt es widerspiegeln wird, wie ein lieblicher See die Wirklichkeit der Bäume an seinen Ufern widerspiegelt. Dann werden die Gedanken und Ideen, die dir in dieser so verwirrenden Angelegenheit kommen, klar sein, all-umfassend, entschieden, so daß du weißt, welchen Weg du nehmen sollst. Alle äußeren Umstände werden sich so von selbst entwickeln und zusammenwirken, daß du den Weg finden wirst, der als einziger für dich in Betracht kommt. Mit Frieden und dem Gefühl der Sicherheit in deinem ganzen Wesen wirst du wissen, daß dies meine Wahl für dich ist. Von diesem Standort des höheren Wissens und Bewußtseins aus hast du deine Freiheit der Wahl gebraucht und hast meinen Weg gewählt, um dein Problem zu lösen.

So bist du frei, ohne Fesseln, eine aufrecht stehende Seele, die alle ihre gottgegebenen Kräfte anwendet. Dann bist du wirklich geöffnet für weiteres Wachsen und Dich-Entfalten. Es sind viele verborgene Wahrheiten und Bedeutungen in diesen letzten Lektionen. Denke darüber nach, studiere sie! Die Lektionen sind dir gegeben als ein Kompaß für die Landkarte deiner täglichen Betriebsamkeiten, und nur wenn du sie anwendest, wird dir mehr und mehr von meiner Weisheit gegeben. Nur wenn du mit ihnen lebst, kannst du sie auch an andere Seelen weitergeben, von denen Ich wünsche, daß sie sie von dir empfangen.

BEGLÜCKENDE GEMEINSCHAFT

Mein Kind, du hast die Wirklichkeit meiner Gegenwart gefühlt und erfahren, wie du sie nie zuvor gekannt hast. Dieses Gefühl meiner liebenden Gegenwart wird täglich wachsen, wenn du dich mit den Worten, die ich nach und nach zu dir gesprochen habe, beschäftigst und über sie nachdenkst. Du hast Bekanntschaften, die reich an geistigem Wert sind, die deiner Seele Aufschwung geben und dich befähigen, sicherer auf dem Pfad zu gehen. Das ist gut, und Ich habe es so vorgesehen. Immer wenn du andere triffst, die auch auf dem Weg gehen, wirst du Frieden und Harmonie fühlen. Aber diese Begegnungen sind nur eine Widerspiegelung des Ich Bin, der die Ursache und das Absolute im Herz-Zentrum deines Seins ist.

Kannst du also, wenn du zum Thron in deinem eigenen Herzen gehst, nicht sehen, daß aller Friede und die Beglückung der innigsten Vereinigung augenblicklich dein sind? Komm, mein Kind, erkenne mich wirklich, wie Ich mich sehne, von dir erkannt zu werden. Nicht, damit nur dein Leben gesegnet, sondern jedes Leben, mit dem du in Berührung kommst, durch mein Bewußtsein bereichert wird. Ich muß notwendigerweise mehr und mehr in meinem Universum offenbart werden. Nur durch die reine Widerspiegelung durch dich und andere, die mir nahe sind, kann Ich — was Ich so ersehne — in den äußeren Ausdruck gebracht werden.

Versäume nie, die vorhergehenden Lektionen wieder zu studieren, denn wenn sie nicht dein Leben aktiv gestalten, wird meine Widerspiegelung wirklich höchst unvollkommen sein. Laß uns heute den Pfad zusammen gehen, mein Kind, dann will Ich dir zeigen, welche Herrlichkeiten durch alltägliche und einfache Dinge leuchten, an jedem Tag deines Lebens.

DAS STRAHLEN MEINER GEGENWART

Heute morgen bringe Ich dir eine Lektion, die dir zu geben Ich mich gesehnt habe.

Wenn du zu meinem Thron kommst, wenn du mir dort begegnest, nicht nur als dem Herrn deines Seins, sondern als dem liebenden, zärtlichen Freund deines Herzens, bemerkst du, daß du nicht auf die Einzelheiten der Dinge einzugehen brauchst, die du in meine Hände legen möchtest, damit Ich sie für dich löse. Du weißt jetzt, daß ich verstehe, wenn du den Gedanken nur atmest. Warum und wie? Weil Ich dir wirklich näher als dein Atem bin. Sogar Zustimmungen werden beginnen, dir unnötig zu erscheinen, denn Ich werde mehr und mehr zu einem wirklich persönlichen Teil von dir. Dein Vertrauen wird so sicher sein, und du wirst eine so überwältigende Flut meiner Liebe zu dir fühlen, wann auch immer du dich dem Thron in deinem Inneren zuwendest, daß all dein bewußtes Sprechen zu mir übergehen wird in Freude und Lobpreisen für das Strahlen meiner Gegenwart in deinem Herzen und Leben. Siehst du nicht, meine Geliebte, daß, solange du die Notwendigkeit fühlst, mich anzuflehen, mich durch Bestätigungen zu gewinnen oder auf irgendeine andere Weise Verbindung mit mir zu suchen, in einem gewissen

Grad ein Gefühl des Getrenntseins in unserer Beziehung besteht?

Aber wenn du zu mir kommst in dem Wissen, daß alles, was dich plagt und hindert und verwirrt, genau in dem Augenblick, da du den Thronraum betrittst, unmittelbar aufgelöst wird von den Strahlen meiner göttlichen Liebe, wirst du erleben, daß Freude und Danken dich überkommen, sobald du in meine Gegenwart trittst, daß du dann schon frei bist von allem, wovon deine Seele befreit werden wollte.

Zuerst gab Ich dir die Lehre, mir jede Last zu bringen, mit mir darüber zu sprechen und um ihre Auflösung und Befreiung von ihr, um meine Hilfe in der Lösung des Problems zu bitten. Aber schon als Ich sie gab, wußte Ich, daß sie nur ein Meilenstein auf dem Weg zum Ziel war. Wenn du diese Anweisung erfüllst, wenn du so meine Gegenwart übst, dann wird sicher dieses höhere Ziel erreicht werden, von dem Ich heute morgen spreche. Und so, mein Kind, wird Vergangenes im inneren Leben vergehen, ebenso wie im äußeren, und immer wirst du auf dem goldenen Weg zu meinem Thron vorwärts- und aufwärtsschreiten. Dann wird meine Kraft sogar von deinen Kleidern fließen, dann wirst du mit mir gehen und sprechen, und dein eigenes persönliches Leben wird nur noch ein Spiegel sein von dem, was in deiner Seele ist.

EINS-SEIN

Wahrhaftig, mein Kind, wir sind tatsächlich Eins, ja Eines in wirklich allem. Kannst du jetzt nicht sehen, daß du durch eine beständigere Erlangung dieses bewußten Einsseins mit mir nicht nur gelernt hast, sondern die Lehren, die Ich dir gegeben habe, in deinen wirklichen Wesenskern aufgenommen hast? Du bist wirklich Anteil des großen Lebens, und indem du mich als das Absolute erkennst, siehst du die Ursache von allem, was sich in jeder Phase deines Lebens auswirkt, sowohl im Physischen wie im Geistigen. Du beginnst zu erkennen, daß der goldene Thronraum deines Herzens nicht nur ein Ort ist, zu dem du nur dann und wann gehst, wenn die Welt zu stark bedrängt; nicht nur ein Ort, zu dem du die Lasten und Probleme bringst, um von ihnen befreit zu werden oder auch um mein Altarfeuer zu finden, damit du dich daran wärmen kannst — sondern er wird nach und nach der einzige Ort in deinem Leben werden, wo die Wirklichkeit herrscht. Er wird deine wirkliche Wohnung werden. Beständig wirst du den Segen der Strahlen meiner Gegenwart haben, denn höre, meine Geliebte, wenn du weißt, daß nichts dich von mir trennen kann, daß im Geiste du Ich bist, wirst du völlig erkennen, daß es unmöglich ist, sich auch nur einen Augenblick aus meiner Gegenwart auf dem Thron zu entfernen.

Solange dein Leben auch dauern mag — kannst du in dem Wissen, daß das Leben keinen Anfang und kein Ende hat, wohl den Sinn der Worte verstehen: „Nichts kann uns trennen von der Liebe Gottes"?

Wenn du in diese vollkommene Verwirklichung deines Einsseins mit mir gelangst, werden das Wissen und Bewußtsein um dein Einssein mit allen deinen Mitmenschen und die sich daraus ergebende Harmonie folgen.

So sollst du alle Menschen als deine Brüder ansehen, auch jene, die noch in der Dunkelheit straucheln. Aber du sollst durch dein höheres Bewußtsein fähig sein, ein Licht hochzuhalten für alle anderen Glieder meines Körpers, die das Wissen, das du jetzt hast, noch erlangen müssen.

Dir soll auch erlaubt werden, mehr Wissen von anderen Seelen zu gewinnen, die viel von meinem Licht empfangen haben, und dadurch soll es zu einem vollkommenen Kreislauf austauschender Hilfe für meine ganze Schöpfung kommen. Eine sehr tiefe Bedeutung ist in dieser Lektion. Meditiere darüber viele Tage, dann wird sie wirklich den Weg vor dir erleuchten.

DIE RÜSTUNG

Du mußt von heute an lernen, dich gegen alle zerstörerischen Gedanken und Einflüsse abzuschirmen. Du mußt lernen, eine Rüstung anzulegen und schnell, wenn störende Dinge sich erheben, zu sagen: „Dies kann mich nicht berühren, ich trage die Rüstung des Christus-Bewußtseins." Übe dies voll Vertrauen und sieh, mit welcher Sicherheit und Ruhe du durch deine täglichen Begegnungen gehen kannst. Du bist in der Welt, doch über ihrem Aufruhr; ruhig und still im Inneren, denn nur Gutes kann die leuchtende Rüstung des Christus durchdringen.

Mein Kind, die Ruhelosigkeit in deiner Seele ist wie ein Vogel, der mit seinen Flügeln gegen die Stäbe schlägt. Deine Seele schlägt, um der vollen Enthüllung meiner Wahrheit willen, gegen die Stäbe der Materie.

DER AUSBLICK VOR DIR

Komm, empfange deine Botschaft für den Tag und wisse, daß dies wirklich meine Worte sind.

Der Pfad, auf dem Ich dich führe, ist steil und schmal. Der Ausblick liegt vor dir. Schönheiten scheint es entlang der Straße zu geben. Es gehen andere mit dir, von denen du fühlst, daß sie dir Kraft geben, dir sagen könnten, wie man auf dem Pfad vorwärtskommt. Aber lausche aufmerksam auf mich; nur dem großen Ich bin deiner Seele sollst du folgen. Natürlich wird dir Hilfe und Führung von anderen meiner Wesenheiten zuteil werden. Aber die Lehrer, denen diese Aufgabe gegeben wird, sind nicht seitwärts des Pfades zu finden, sondern voraus auf ihm. Anderen, die nach dir kommen, sollst auch du helfen. Aber nur dann, wenn du deinen Blick geradeaus richtest und die Füße fest aufsetzest, kannst du diesen meinen Kindern helfen, ihre Füße in der rechten Richtung zu halten.

Drei Worte gebe Ich dir heute, die Worte von lebendiger Macht für dich sein sollen, die alle Hindernisse vor dir niederbrechen und jeden Schritt des Weges erleuchten werden. Diese sind:

WACHE, BETE, LAUSCHE!

Sie sollen Worte lebendiger Macht für dich sein, die alle Hindernisse niederbrechen und jeden Schritt des Weges erleuchten werden.

WACHE! Wache über deine gesprochenen Worte, wissend, daß sie allmächtig sind, dann werden sie ihre Auswirkung in dein Leben bringen. Wache in dem Wissen, daß durch Wort und Gedanken du in dem Königreich deines Herzens und über alle äußeren Bedingungen herrschen kannst.

BETE! Sage Dank für die Macht deines gesprochenen Wortes. Sage Dank, daß du auf dem Pfad behütet bist. Sage Dank für die großen, schweigenden Helfer, die mit dir auf des Königs großer Straße schreiten. Bete in Demut um mehr Licht, diese Helfer zu erkennen, und wisse, daß sie von mir sind. Bete in Demut, um meine beständige

Leitung in deinem Leben zu erkennen und in den Leben, denen du begegnest.

In dem Geschwätz des Irdischen — LAUSCHE! Lausche, sei still! Verliere meine Stimme mit ihrer lieblichen Melodie nicht. Sei still, damit ihre Schönheit in dein Bewußtsein sinken kann, damit die leuchtenden Strahlen meines Geistes dein innerstes Seelenfeuer erwärmen können. Lausche auf die Musik meiner Sphären. Lausche auf den Rhythmus meiner Schritte und das Rascheln meines Gewandes auf dem Pfad. Dann werden keine unharmonischen Klänge die Schönheit unserer Meditationen unterbrechen, da du Hand in Hand mit mir wanderst. So gebe Ich dir noch einmal die drei Worte, nicht nur für heute, sondern für jeden Tag:

WACHE! BETE! LAUSCHE!

MEIN PLAN

Mein Kind, Ich habe mich gesehnt, zu dir über manches zu sprechen, was dich in diesen letzten Tagen hart bedrängt hat. Nur indem du dich ganz nah zu mir hältst, kannst du manche irdischen Konflikte bestehen und durch alles hindurch dein Christus-Bewußtsein festhalten. Komm, laß uns miteinander stille sein.

Ein neuer Tag liegt vor dir, willst du den Pfad mit mir gehen? Beruhige alle äußere Verwirrung, beende alles törichte Planen, laß mich dir helfen. Laß meine Pläne durch dich wirken. Wenn es schwer zu erkennen ist, was mein Plan für dich ist, dem du folgen sollst, dann steh still, warte! Und wenn Ich sage: Geh voran, dann geh in der vollen Gewißheit: dies ist mein Plan für dich. Nie werde

Ich eine Aufgabe geben, die zu groß ist, um durch das Licht meines Bewußtseins gelöst zu werden, nie ein Kreuz oder eine Last, die du mit meiner Hilfe nicht tragen kannst.

Oft, mein Kind, mußt du einen Test bestehen. Wieder und wieder sollst du geprüft werden, bis du dahin kommst, wo du nie das Bewußtsein meiner Gegenwart verläßt, ganz gleich, was in deinen äußeren Erfahrungen kommt oder geht. Ich bin in dir. Ich bin dein wirkliches Sein. Wende dich heute beständig nach innen, dann will Ich jede Handlung, jedes Wort leiten. Überdenke die früheren Lektionen, lebe mit ihnen, und wenn die Dämmerung kommt, wird mit ihr ein Friede eintreten, der über alles Verstehen hinausgeht. Du wirst wissen, daß Ich wirklich der Einzige Eine in dir bin. Ich verursache, daß alles in deinem Leben für dich dem Gesetz entsprechend wirkt. Meine nicht, daß du mich verläßt, wenn du diese Begegnungen verläßt. Wie kannst du etwas verlassen, was doch ein Teil von dir ist? Wisse statt dessen, daß wir in einer liebevollen Verbundenheit vorangehen, um den Problemen des Tages zu begegnen.

„Doch der Herr wird am Tage Seine Liebende Güte verheißen, und in der Nacht wird Sein Gesang in mir sein und mein Gebet zu dem Gott meines Lebens.“ Psalm 42, 9

ERNEUERTE KRAFT

Heute morgen kommst du zu mir und fühlst in deinem Herzen, daß du nicht so nah bei mir gelebt hast, wie du solltest, daß es einen Reichtum des Geistes gibt, den du irgendwie in den letzten Tagen versäumt hast zu empfangen. Aber gräme dich nicht, immer ist es so. Immer wirst du aufblicken und dich sehnen nach mehr Gnade und Schönheit in deinem Leben. Doch zuzeiten scheinst du — mit all deinem Wissen und all deinen Wünschen, entgegen allen den höheren Impulsen deiner Seele — dich mir zu entziehen, der beständigen Verwirklichung meiner Gegenwart. Ich erlaube dies, mein Kind, damit, wenn du zurückkehrst, wieder an meinem Altar im Thronraum deines Herzens kniest, du solche erneuerte Kraft und Süße und Licht finden sollst, daß du es bei jeder solchen Rückkehr leichter finden wirst, allezeit in meiner Gegenwart zu bleiben.

Darum sei nicht entmutigt! Ich verstehe. Ich — der nie von dir getrennt ist, außer durch deinen eigenen Mangel an Mich-Erkennen — verstehe, wie leicht es für die Welt ist, hereinzukommen und den goldenen Raum deines Herzens zu verschließen und dadurch das Licht deiner Seele auszuschließen. Nun, mein Kind, wir werden diese Belehrungen noch einmal vornehmen. Wir werden miteinander gehen und sprechen, und du wirst sehen, daß neue Freuden und neues Glück, neue Pflichten folgen werden, wenn du bewußt mit dem Meister deiner Seele wanderst.

DANKE!

Ich möchte dir ein Geheimnis enthüllen, durch das du alles beherrschen kannst und Sieger über alle Schwierigkeiten wirst. Es ist das Geheimnis des unaufhörlichen Dank-Sagens. Freue dich, danke, lobpreise! Für jeden Umstand auf jedem Schritt deines Lebens erhebe dein Herz in Dankbarkeit. So läßt du meine Macht in deinem

Leben wirken und verbindest dich mit den großen Kräften. Denn in dem wahren, herzerhebenden Danken — nicht nur dem Murmeln von Worten — erlangst du den Glauben, der Berge versetzt. Kannst du danksagen für etwas, was du nicht hast? Wenn du danksagst, als wüßtest du, daß du hast, wirst du haben.

Schau um dich, sieh, wie vieles du hast, was du lässig annimmst. Wenn du weißt, daß es von mir ist, gib mir das Lob, dann wirst du erkennen, wieviel du durch meine Güte und meinen Schutz hast, und dem, der hat, wird gegeben werden! Übe dies und sieh, welche Wunder für dich geschehen werden. Nun, mein Kind, die Pflichten des Tages liegen vor dir; gehe mit mir, dann werden sie leicht.

SCHRITTE

„Die Schritte des guten Menschen werden vom Herrn geleitet." Denke, mein Kind, über das Wort „Schritte" nach. Ich leite wirklich jeden Schritt. Ich ersinne nicht einen Plan und überlasse dich dann deiner menschlichen Schwäche, damit du ihn allein erfüllst. Nein, ich leite und führe und ordne jeden Augenblick deines Tages. Immer bin Ich an deiner Seite, meine Hand in deiner, führe dich hinaus und vorwärts und aufwärts, damit du nicht zu fragen brauchst: „Herr, was soll ich die Woche über tun? Gib mir deinen Plan!" Nein, du brauchst nur zu sagen: „Herr, zeige mir, was ich jetzt in diesem Augenblick tun soll. Zeige mir, wie ich dieses Problem lösen soll, dem ich gegenüberstehe!"

Wenn du diese Lektion gut lernst, wirst du nie mit Angst oder Unsicherheit in kommende Tage blicken; du sollst weder Mangel an materiellen Dingen noch an geistiger Führung befürchten, denn du wirst erkennen — oh, so sicher —, daß jeder Schritt des Weges geführt und geplant ist und daß du die große Straße des Lebens auch nicht für einen Augenblick allein gehst.

DEIN WERK

Komm, mein Kind, Friede sei an diesem Tag in deinem Herzen! Bleibe mir nahe und fürchte dich nicht vor kommenden Tagen. Viele neue Erfahrungen liegen unmittelbar vor dir. In den nächsten Tagen wirst du besser erkennen als jetzt, wie weit du auf dem Pfad gewandert bist. Höre aufmerksam auf diese Worte: Dein Werk beginnt jetzt — nicht in irgendeiner zukünftigen Zeit, wie du zu denken geneigt bist, sondern eben jetzt wird der Dienst von dir gefordert. Von jetzt an wirst du durch Dienen wachsen. Du wirst es nicht immer selber wählen können, manchmal wirst du es nicht einmal als einen Dienst für mich erkennen können; aber alles ist geplant, und du hast einen ganz bestimmten Platz in dem Werk, das schnell vorangehen muß.

Du lernst, die stille Abendzeit zu lieben, die Stille der Bergeshöhen, die Stille der dämmrigen Kirchen. Auf alles, was beglückend und lieblich und still ist, antwortet deine Seele wie nie zuvor. Das wähle Ich aus, denn dann hörst du meine Stimme, dann kann Ich das Innerste deines Wesens erreichen und dir meine Wege zeigen und deine Schritte leiten. O meine Geliebte, suche jede Gelegenheit, um bei mir zu sein; dann werden die Welt und ihr bitterer Streit und ihr lauter Lärm keine Wirkung auf dich haben, denn du weilst an dem geheimen Ort des Höchsten und lernst die Geheimnisse des Heiligtums deines Herrn.

LIEBE UND SCHÖNHEIT

Ich bin Liebe und Ich bin Schönheit. Ich sandte meinen Gedanken aus, als Ich mein Universum erschuf. Ich liebte, was Ich erschuf; seitdem kam Schönheit hervor. Alle Elemente, die nur meine Kräfte sind, verursachten, daß sich Schönheit entfaltete. Alle meine Schöpfungen sind wunderschön und atmen meine Liebe aus.

Mein Kind, siehst du nicht, daß in deinem Leben das Vorherrschende nur Liebe sein kann, wenn du mehr und mehr auf mich abgestimmt bist? Und weil dies so ist, soll es nur Schönheit geben. Alle Aspekte deines Lebens sollen schön sein, ja nicht nur die geistigen, sondern auch die materiellen, denn alles ist ein Teil des göttlichen Lebens.

Das Leben, das für mein Bewußtsein nicht wach ist, ist wie jemand, der die leere Dunkelheit eines Tunnels passiert. Da gibt es keine Schönheit, kein Licht, keine Gestalt, nur Flachheit, ein leeres Dasein. Du, mein Kind, kennst die Herrlichkeiten eines zu mir erwachten Lebens so gut. Und wenn du daran gehst, andere Leben zu berühren, wirst du für sie einen Weg aus dem Tunnel öffnen. Du sollst dir nicht immer bewußt sein, dies zu tun; aber wenn du mich ausstrahlst, kann es nicht anders sein, und jedes Leben wird schöner und liebeerfüllter werden, wenn du es auf deinem Weg nach oben berührst.

MEINE AUSSTRAHLUNG

Komm, meine Tochter, wo du jetzt bist, habe Ich dich hingestellt. Kein Schritt deines Weges, der nicht in meinem Plan für dich erwogen wäre. Früher war dein Weg zum großen Teil selbst gewählt; aber jetzt ist er vom Geist erwählt und geführt. Du brauchst keine Furcht zu haben. Solange du dir des Waltens deines Vaters bewußt bist, solltest du da nicht des Vaters Schutz und Führung haben?

Du berührst viele Leben, Leben in allen Bewußtseinsgraden, jedes mit seinen individuellen Problemen, doch jedes ein Teil meines Körpers. Kannst du nicht fühlen, wie Ich sehnsüchtig nach meinem Eigentum verlange? Mein Kind, als mein Gesandter geh umher, nicht immer dessen bewußt, wie Ich durch dich strahle. Berühre diese meine anderen Kinder, die blind für mich sind, beruhige, heile, segne, komm ihnen nahe. Du brauchst nur dein Bewußtsein segnend emporzuheben, wenn du vorübergehst, dann weißt du, daß der Vater im Inneren das Werk tut. Fülle dein Leben so ganz mit meiner Gegenwart, daß du nie für einen Augenblick versäumst, dich von meinen Strahlen durchdringen zu lassen.

Du wirst bemerken, daß andere mehr und mehr deine Gegenwart suchen und wünschen. In ihrer Dunkelheit meinen sie, daß es dein persönliches Selbst ist, dem sie nahe sein möchten. Aber du weißt, daß du nur ein Spiegel für mein Antlitz bist und daß Ich es bin, den sie durch dich fühlen; das ist der Grund, daß sie sich dir zuwenden. Du wirst selbst viele Segnungen empfangen, wenn du diese Wahrheit kennst, jedoch nur, wenn du selbst zurücktrittst, weil du erkennst, daß sie den Christus suchen. Du wirst nur dann ein geeignetes Instrument für mich sein, wenn du diese Leben in Liebe und schweigendem Segen berührst und jeden Gedanken an persönliche Geltung beiseite legst.

Auf dir ruhen viele Verpflichtungen, wenn du mir so dienst. Dein Leben ist nicht mehr dein eigenes im früheren Sinn; doch in der Zukunft wirst du eine solche Freiheit empfinden, wie du sie nie zuvor gekannt hast, denn du wanderst als ein Kind des Königs auf des Königs großer Straße. Du wirst keinen Wunsch mehr kennen, weder materiell noch geistig, denn dein Vater, der alles erschaffen hat, gibt alles freigebig zu deinem Gebrauch.

FRIEDE UND HARMONIE

Meine Geliebte, wenn du mein Universum anschaust, wenn du die Schönheit meiner Schöpfung siehst, findest du sie gut. Du spürst die Harmonie in der Musik meiner Winde, wenn sie zwischen den Baumwipfeln spielen. Meine Sonne und meine Schatten ruhen sanft auf dem Land, das Ich zu deinem Gebrauch geschaffen habe. Es ist ein Duft in der Luft und ein edler Friede in allen meinen Schöpfungswerken. Wenn du deine Augen von diesem allem abwendest und hinabsteigst auf die Ebene der sterblichen Bemühungen, findest du Mißklang, Streit, Gegensätzlichkeit, schroffe Worte, Grausamkeiten. Wie ganz anders als die Ebene, wo du den König des Thronraumes in deinem Herzen triffst!

Natürlich, solange du im Körper bist und ein sterbliches Leben lebst, mußt du dich notwendigerweise mit der Ebene des irdischen Denkens befassen. Aber sooft du nur in das höhere Reich entschlüpfen kannst, zu mir, dem Herrn deines Seins, tue dies, denn nur durch diese ständige Verbindung mit mir kannst du inmitten der Menschen und sterblichen Dinge mit der Heiterkeit eines Kindes des Christus gehen. Nur durch dich und andere meiner Erleuchteten kann der Christus-Geist auf die Erden-Ebene gebracht werden. Schließe immer wieder einmal für einen Augenblick die Augen und berühre mich und trinke aus meiner Quelle des Friedens und der Harmonie.

MICH ZU FINDEN

Mein Kind, du bittest um Aufgaben. Natürlich sollen sie dir gegeben werden. Überall sollst du sie finden. Du erkennst die große Macht, die durch dich fließt, noch kaum. Du bist wie ein mächtiger Dynamo; mehr und mehr wirst du Wunder entstehen sehen, wo du auf deinem Wege vorübergehst. Du mußt sehr lieben, segnen und danken und wissen, daß du mir Tag für Tag dienst, wo Ich es für richtig halte.

Du verlangst nach Licht und Verstehen, und du rufst nicht vergeblich. Dir sollen große Wahrheiten enthüllt werden. Lausche auf meine Stimme, damit sie nicht an dir vorbeigehen. Oft fühlst du eine Notwendigkeit, mich in Zeremonien, in Riten zu finden. Ich fühle den Aufschrei in deiner Seele, auf irgendeine Weise mit mir Kontakt zu finden. Aber lausche aufmerksam und denke viel hierüber nach — es ist eine Wahrheit, die viele verlieren, und das hält sie von der Gemeinschaft mit mir fern, die sie sonst haben könnten. Es ist dieses: In einfacher Weise und durch einfache Mittel wird am besten die Einung zwischen dem Menschen und seinem Erschaffer hergestellt. Du brauchst keine Orte aufzusuchen, wo Altarfeuer brennen, oder durch tiefe eindrucksvolle Zeremonien zu gehen. Erleuchte das Altarfeuer im Thronraum deines Herzens, dort wirst du mich finden; erkenne mich in den alltäglichen Dingen deines Lebens rund um dich herum. Ja, Ich Bin eben jetzt in dem sanften Wind, den du im raschelnden Laub hörst. Ich Bin im Sonnenstrahl, der schräg über dem Gras liegt. Ich Bin im Duft der Blumen, im Sternenhimmel und im sanften Mondeslicht. Lerne mich durch diese einfachen lieblichen Ausdrücke meiner Schöpfung erkennen, dann wirst du es nie nötig haben, mich auf komplizierte Weise zu suchen.

So bist du gesegnet, mein Kind, meine Stimme in den inneren Gedanken und in der Tiefe deiner Seele zu hören, wenn Ich dir diese Wahrheiten bringe. Du kannst mir gut dienen, denn sie sind wie ein Grundstein für ein Leben, das in meinem Dienst gelebt wird.

DU GEHST ALLEIN MIT MIR

Mein Kind, heute morgen komme Ich zu dir als ein liebender, zärtlicher Freund. Ich, der Ich über die Hügel von Galiläa ging, der wanderte und zu der Menge sprach, der doch so oft allein war — ja, einsam, denn selbst jene, die Ich liebte, verstanden nicht. Und so kenne Ich dein Herz und seine Einsamkeit. Jene, bei denen du jahrelang Freundschaft und Verständnis gesucht hast, scheinen oft nicht mehr zu genügen. Doch jetzt sage Ich dir, meine Tochter, wenn dieses Gefühl dich überkommt, wende dich nach innen und finde den Frieden meiner Gegenwart. Du kannst nicht dein Ziel erreichen oder dein Werk tun, wenn du den Ballast weltlicher Freunde und Bekanntschaften mit dir schleppst. Der Pfad ist schmal, das Ziel liegt vor dir. Es ist nötig, daß du oft allein mit deinem Herrn wanderst.

Aber höre nun, trockne die Tränen deines Herzens, denn Ich will dir jetzt das sagen, was nie versagen wird, dir Trost zu geben. Wenn du da ankommst, wo du jetzt bist, wenn du sagst: „Herr, es ist dunkel und einsam. Wo sind sie, mit denen ich gegangen bin?“, dann sollst du wissen, daß ein weiter Weg hinter dir liegt und daß du in dem Augenblick, wo du dein Alleinsein mit mir bemerkst, Hilfe bekommen sollst. Meine Helfer, sichtbare und unsichtbare, sind dir zur Seite, und gerade durch dieses Alleinsein hast du den Weg für ihre Hilfe geöffnet. Friede sei, mein Kind, in deinem Herzen, und wisse, daß Ich, dein Herr, dir vorangehe.

ÄUSSERE OFFENBARUNG

Wenn die Zeit vergeht und du die Begegnungen mit mir heilig hältst, wirst du feststellen, daß, was du auch Gutes in deinem Herzen hegst, in äußere Offenbarung gebracht werden soll. Tag für Tag werden deine Gedanken schöpferisch sein und das ihnen Entsprechende hervorbringen. Sei sicher, daß sie meine Gedanken sind, daß Ich ihr Erscheinen in äußere Form segne. Und nun sei gesegnet, du hast treulich den Weg des immerwährenden Lebens zu gehen gelernt. Den Weg zum wahren Leben kannst du finden, wenn du dich am Straßenrand ausruhst und mit mir, dem Geber allen Lebens, sprichst. Danach sollst du zu den Begegnungen mit der geschäftigen Welt hinausgehen, erfrischt und gesund, bereit zu jedem Dienst, zu dem Ich dich führe. Manchmal wirst du nur einen Augenblick Zeit haben, um meinen Segen zu empfangen, ehe du deinen geschäftigen Weg weitergehst; doch selbst eine kurze Hinwendung des Herzens zu mir zu jeder Zeit und an jedem Ort wird heilen und segnen, denn schau, Ich bin immer in dir, und es gibt nichts, das mir verborgen ist.

EIN GEEIGNETER MITTLER

Und nun sagst du, mein Kind, du seiest offen für meine heilenden Kräfte. Das ist wahr, aber es genügt nicht, daß du für den heilenden Christus-Strom offen bist, sondern du mußt auch ein würdiger Mittler sein. Wenn ein Mittler für mein Einströmen frei ist, befreit von Selbstsucht, Engherzigkeit, Blindgläubigkeit, Gier, Übeln aller Art, muß er statt dessen mit Liebe, Selbstlosigkeit, einer unpersönlichen Haltung, Sanftmut, Wahrheit und Aufrichtigkeit erfüllt werden. Alle Früchte des Geistes müssen dort gedeihen. Dann — und wirklich nur dann — kann das vollkommene Einströmen geschehen. Dann — und nur dann — wird die vollkommene Heilung eintreten.

Du sagst: „Herr, wie kann ich so werden? In meinen täglichen Begegnungen erlebe ich eine Welt, die nicht mit diesem Maß übereinstimmt." Aber Ich antworte: Sei guten Mutes, jeden Tag wirst du ein wenig weiterkommen auf dem Weg zum Ziel. Jeden Tag wirst du von höheren Bergen zurückschauen und unten den Pfad erblicken, den du gegangen bist. Ich bitte nur darum, daß du es versuchst, dich mit mir zu besprechen. Den ernsten Wunsch deines Herzens nach meinem vollkommenen Leben nehme Ich an, und durch diesen Wunsch wirst du geheilt.

MEINE FLAMME IN DEINEM HERZEN

Wie die goldene Flamme der Kerzen ruhig brennt, ohne Flackern oder Schwanken, so soll meine Flamme immerfort in deinem Herzen brennen. Sie soll alle Schlacke des sterblichen Gemütes ausbrennen, alle Kleinheit des Wesens,

Niedrigkeit des Geistes, Rachsucht, Eifersucht. Ausbrennen soll sie alle Nachlässigkeit deiner Gewohnheiten in den äußeren Bereichen deines Daseins. Dann können mein Gesetz und meine Ordnung in deinem Leben vollkommen wirksam werden. Dann — und nur dann — wirst du ein würdiges Gefäß für den Strom meines Geistes. Dann — nur dann — kann mein Geist durch dich zu meinen anderen Kindern fließen.

Ebenso wird alle Krankheit vom physischen Körper weggebrannt, damit nichts meinen Plan für dein Leben stören kann. Wenn die Seufzer deiner Seele die Flamme stören und die Kerze tropfen machen, dann wird das leiseste Abgleiten deiner Füße vom Pfad zum Ziel die Ursache für ein weniger beständiges Brennen meiner Flamme in deinem Herzen sein, und dann geht mein Werk in Unvollkommenheit weiter. O meine Geliebte, wie wichtig, daß du mit sicherem Blick auf die hohe Absicht deiner Berufung lebst! Aber du hast viele Helfer. Keine Seele, die den Pfad betritt, wird auf der Wanderung allein gelassen. So geh weiter, Tag für Tag, mit dem Licht und der Gewißheit meiner Liebe auf deinem Antlitz. Mächtige, die du nicht siehst, sind an deiner Seite, und die Kräfte der Dunkelheit sollen dich nicht anrühren.

DER DUFT MEINER GEGENWART

Laß uns unsere stillen Gespräche wieder aufnehmen. Ein solcher Augenblick, zu meinen Füßen verbracht, wird dich weiter auf dem Wege tragen als Stunden, die du verbringst auf der Suche nach mir in Büchern.

Ich habe dir gesagt, ja jetzt befehle Ich es wieder: Unterbrich die Wanderung und komm unmittelbar zu mir und lerne auf einfache Art, wie weit du in meinem Dienst kommst. Erfülle dich mit dem süßen Duft meiner Gegenwart. Komm, lerne die tiefen Geheimnisse von deines Herrn Herzen!

O mein Kind, so große Herrlichkeiten möchte Ich dir zeigen, so wundervolle Dinge möchte Ich dich wissen lassen; aber Ich kann nur in einem aufrichtigen Gemüt sprechen. Fürchte nicht für deinen Fortschritt. Versuche nicht, aus Schriften meine Anweisungen für dich zu deuten. Denn worin liegt schließlich der Gewinn, wenn du dich bemühst, meine Anweisungen zu erkennen, und hältst sie nicht? Es ist gut! Komm wieder wie ein kleines Kind, denn wie ein solches habe Ich dich so weit auf dem Pfad geführt, der zur Freiheit und Herrlichkeit deiner Seele führt.

EINE GUTE GEWOHNHEIT

Meine Geliebte, laß uns für eine kleine Weile beglükkende Gemeinschaft halten, still abseits vom Geräusch und von der Hast der Betriebsamkeiten des Lebens. Ich weiß nur zu gut, daß es schwer ist, die innere Stimme zu hören im Lärm und in der Hetze des Lebens um dich herum; aber höre zu und nimm es dir zu Herzen: Jeder Impuls zu einer bedachtsamen Handlung, jedes aufrichtige Lächeln, das aus einem mit Liebe — nicht nur zu deinen eigenen Lieben, sondern zur ganzen Menschheit — erfüllten Herzen kommt, jedes freundlich gesprochene Wort — wenn das voreilige Wort so viel leichter gekommen wäre — ist der Beweis, daß du mir ganz unbewußt erlaubt hast, deine Schritte zu leiten. Und wenn leise die Abendschatten fallen, wird ein so verbrachter Tag dich weiter voran auf dem Pfad finden, den du Schritt für Schritt mit deinem Herrn gehst.

Siehst du nun nicht, mein Kind, daß es nicht so schwierig ist, auf dem Pfad zum Ziel zu wandern? Es muß dir zur Gewohnheit werden, daß du mein Bewußtsein in allen erkennst, denen du begegnest, und daß du nach alledem — selbst wenn du es nicht merkst — weißt, daß du in jedem Augenblick des Tages meine Stimme hören kannst.

EIN TEIL DES CHRISTUS-KÖRPERS

Erkenne diese Worte als wahr: „Ich und der Vater ist Eines." Es gibt so viele Glaubensbekenntnisse, so viele Dogmen, es ist alles so schwierig gemacht worden — dieses Wandern auf dem Pfad mit mir. Und darum möchte Ich euch, meinen Kindern, zeigen, was es für eine einfache Sache sein kann, wie ein kleines Kind zu kommen und still eine kleine Weile bei mir zu sitzen und mich aus den inneren Tiefen eures Seins sprechen, mich euch den Weg beschreiben zu lassen zur Fülle des Lebens, die in meinem Bewußtsein lebt.

Du sehnst dich nach Entwicklung und dem Wirken für mich. Sei nicht so ängstlich, schreite aus, damit Ich, der Herr deiner Seele, dich auf noch größere und breitere Wege führen kann. Aus dir selbst bist du nichts; nur durch die Anerkennung deiner selbst als eines Teils des Christus-Körpers, als eines Teils der ganzen Einheit kann dein Leben und Werk deinem Herrn annehmbar sein. Sei ganz still, damit die inneren Tiefen deiner Seele durch die Macht meines Geistes erneuert werden können.

DAS MEER DER FÜLLE

Meine Geliebte, wahrlich alles, was der Vater hat, ist dein. Nicht morgen, nicht in irgendeinem weit entfernten Himmel, nicht nachdem du dich abgequält hast, es zu erlangen, sondern jetzt, in diesem Augenblick bist du in einem unermeßlichen Meer der Fülle, des Überflusses für alle deine Bedürfnisse. Brauchst du Gesundheit, Geld, Freunde, Weisheit, Wissen? Ja, du lebst nicht nur umgeben davon, sondern bist buchstäblich davon durchdrungen.

Darum höre aufmerksam zu, beachte diese Worte gut, denn durch sie wurde die Welt erschaffen. Du hast keine Not, denn alles ist augenblicklich dein. Der bloßen Suggestion von Not im äußeren Bewußtsein soll augenblicklich mit einem inneren Bewußtsein der vollen Versorgung begegnet werden. Ich sage dir, im gleichen Augenblick, schneller als dein nächster Atem, werden Gottes Kräfte in Bewegung gesetzt, und die Not wird im großen Ozean meiner Fülle aufgelöst, noch bevor du sie erdenken konntest. Und so, mein Kind, da du verfügen kannst über diese Gesetzmäßigkeit — kannst du da nicht begreifen, was es heißt, als ein Kind des Königs zu wandern? Du wirst Zeit und Gelegenheit für alles haben, was Ich von dir verlange; für alle Größe des Lebens, für alle Schönheit und Innigkeit und für Sicherheit vor Sorge und Plage. Nur halte meine Hand fest, nur sieh mich aufrichtig an, nur höre meine Stimme, dann werde Ich alles dieses für dich zu verwirklichen vermögen. Denn ohne diese nahe Gemeinschaft kannst du den Frieden meiner Gegenwart nicht erkennen, der doch den ganzen großen Ozean deiner All-Versorgung bedeutet.

ERPROBE MICH

Mein Kind, erprobe mich an diesem Tag als eine Realität in deinem Leben. Wenn alle seine Pflichten dich bedrängen, laß meinen Frieden, meine Stille durch dein Herz strömen. Erkenne, daß im Zentrum deines Seins alles Wissen, alle Weisheit, alle Urteilskraft liegt. Nutze diese Quelle des All-Wissens, sie ist dort zu deinem Gebrauch von Anfang an gewesen.

Sage nur: „Vater, du zeigst den Weg. Ich will ihn gehen." Und am Abend zur Dämmerstunde wirst du, noch immer erfrischt und nicht verwirrt, sagen: „Es war gut. Mein Vater im Inneren tat das Werk, und ich brauchte nur zu folgen."

Und so gehe vorwärts, mein Kind, unter meiner Führerschaft. Erprobe heute und alle Zeit, wie gut es ist, mit deinem Herrn zu gehen.

DEIN HERZENSWUNSCH

Mein Kind, in dein Bewußtsein ist eine große Wahrheit gelangt. Eine Wahrheit, die dich befähigen wird, das zu verwirklichen, was du, durch meinen Geist geführt, für dich und deine Lieben wünschest. Du wirst feststellen, wenn du mir hier an diesem heiligen Ort hoher Schwingungen Tag für Tag begegnest, daß Ich wie nie zuvor deinem Herzen die Dinge sagen kann, die Ich dir mitzuteilen mich sehne. Pflanze oder gestalte im Geist die Wünsche, die Verhältnisse, nach denen zu streben du geführt wirst, und wisse dann, daß sie im Geiste gestaltet sind und in der materiellen Welt ihre Entsprechung zu sich heranziehen werden. Sie wird für deine physischen Sinne sichtbar und berührbar werden.

O meine Geliebte, wenn du dies weißt, wenn du dieses Wissen vom Schöpfungsprozeß besitzest — was für wunderbare Dinge werde Ich durch dich geschehen lassen können! Aber nie soll diese geheime Kraft anders gebraucht werden als für meine Herrlichkeit. Ich bin es, der dir die Macht des Verstehens geben und dich das Erkennen der Auswirkung lehren wird. Dir ist eine große, dynamische Kraft anvertraut worden, und wenn sie für mich gebraucht wird, wird dir noch mehr Macht gegeben werden.

DIE NEUE ORDNUNG

So wie die sanften, schimmernden Wolken sich bei Sonnenuntergang am Himmel sammeln, so sammeln sich meine Kräfte zum Sonnenuntergang der alten Ordnung der Dinge. Die Wolken sammeln sich in der Herrlichkeit kosmischer Farben; so sammeln sich jene Kräfte in der Herrlichkeit kosmischer Macht.

Viele werden sich von Tag zu Tag mehr des wundervollen Universums bewußt, in dem sie leben. So wie die Abendstille sich auf die Erde senkt und auch die Vögel ihren Gesang der sonnenhellen Stunden einstellen, so kommt die Ruhe und der Friede meiner Gegenwart, um in den Herzen zu wohnen, die wahrhaft offen für mich sind. Und ebenso, wie du den Wechsel vom leuchtenden Tag zur sternklaren Nacht beobachtest, ruhig und ohne Furcht, so sollst du vom Hafen meiner Liebe aus die Veränderungen beobachten, die in meinem Universum stattfinden. Für die, die dies nicht verstehen, wird es eine Zeitlang scheinen, als ob das Licht verschwinde und gewiß die Finsternis das Land bedecken werde. Aber für meine Kinder, die ihre Einheit mit dem Vater aller erkennen, wird ein stiller Friede kommen, und sie werden wissen, daß nach der scheinbaren Finsternis die Sonne der Gerechtigkeit mit ihren heilenden Schwingen gewiß wieder aufgehen wird. Die alte Ordnung von Sünde und Krankheit, der Haß von Mensch gegen Mensch und die ganze daraus folgende Kette von Bösem wird nicht mehr sein, sondern es wird erkannt werden, daß Friede, Liebe und Gerechtigkeit die wahre Wirklichkeit sind.

Denke über diese Botschaft nach. Einige sind bereit, sie jetzt zu empfangen. Nur durch dein bewußtes Wissen vermagst du dich zu vereinigen mit dem großen Erwachen des neuen Tages, der nahe bevorsteht.

DARÜBER LEBEN

Tag für Tag, wenn du dich von allem Negativen sowohl in Gedanken als auch in Handlungen löst, gibt es so vieles für dich zu tun, was nur vom Standort höchsten Bewußtseins getan werden kann. Ein großer Teil dieses täglichen Allerleis von Menschen und Angelegenheiten und bloß gesprächigem Leben muß „darüber" gelebt werden. Nur indem du über diesem vorübergehenden Geschwätz lebst, kannst du meine Führung erlangen. Nur indem du so lebst, kann Ich alle meine Kräfte durch dich lenken.

Immer wieder muß Ich dieselben Lektionen wiederholen. Ich weiß und verstehe, wie schwer es ist, sie in die Praxis umzusetzen. Aber durch ständiges Bemühen wirst du das hohe Ziel erreichen, das Ich so sehr für dich begehre. Dein Bewußtsein muß in seiner Überschau universal werden; so kannst du fähig mir dienen, der Ich alles in jedem und jedes in allem bin. Wenn du mich so in meiner Vollkommenheit in allen Lebensformen siehst, wirst du selbst mich in meinem Universum vollkommener ausdrücken; dann wird meine Macht in deinem Leben so voll ausgedrückt sein, daß jede seiner Phasen mich verherrlicht.

Brauchst du dann irgendeinen Mangel, Krankheit oder Unglück zu fürchten? Wenn dein Leben voll des Gottes-Ausdrucks ist, wird all dies nicht mehr sein, und nur Gott wird um dich und über dir und in allen deinen Begegnungen sein.

Mein Kind, was für ein Ziel, nach dem wir streben! Willst du nicht mit Freuden von neuem auf dem Pfad mit mir vorwärtsgehen?

DIE MORGENDÄMMERUNG

Meine Geliebte, der neue Tag bricht an, die Vögel erwachen, die Luft ist sanft und lind, und auch für dich dämmert ein neuer Tag. Du spürst, daß du gelebt hast, geliebt hast, dich gefreut und gegrämt hast; aber Ich sage dir, das, was von solcher Wichtigkeit schien, war nur wie Fäden eines Seidengespinstes, die dich zu mir emporzogen.

Dein Leben wird sich entfalten. Du bist sozusagen nur am Beginn von etwas, das nie begann. Es liegt wie ein neues, weißes Blatt vor dir, genau wie der neue Tag. Vergangenes soll dich nicht mehr beherrschen. Alte Wege sollen dich nicht mehr locken. Du sollst den sonnenbeschienenen Pfad mit mir weiter und aufwärts gehen.

Wenn es so scheint, als ob du gelegentlich zurückfielest und die alten bekannten Gewohnheiten von dir Besitz ergriffen, wende dich nur nach innen und wisse, daß der

Eine, der im Thronraum deines Herzens lebt, immer der Ewige ist.

Wenn du deine Arbeit tust, wenn du meinen Kindern auf dem Pfad begegnest, wirst du von Liebe erfüllt und verständnisvoll sein, denn es ist der Christus in dir, der sieht und wirkt. Alles soll mit mir und durch mich getan werden, und dein ganzer Tag soll voller Schönheit sein. Nie brauchst du zu wünschen, nie brauchst du etwas zu entbehren, denn Ich kenne keinen solchen Zustand. Wenn wir als Einer wirken, kann dir nichts zustoßen, was Ich nicht kenne.

EIN GEIST

Ein Geist. Denke es! Atme es! Lebe es! Nimm es in dich auf! Wisse es über allem anderen — denn darüber hinaus gibt es nichts. Du bist ein Geist, eins mit dieser Allheit, außer der es nichts mehr gibt. Brauchst du also, mein Kind, um etwas zu bitten, was bereits dein ist? Alle Kraft schöpferischer Macht liegt in dem Einen. Wenn dieses Bewußtsein dein ganzes Sein erfüllt, wird der physische Körper bedeutungslos; er ist nur das Instrument, mit dem du dich auf der Ebene der physischen Offenbarung bewegst. In dem Maße, in dem du dir dieses Einsseins bewußt bist, wird das Körperliche den Geist annehmen, der ihm innewohnt.

Meine Geliebte, lerne wie nie zuvor, in diesem Bewußtsein zu leben; dann sollst du für dich und für die, die du liebst, die Wahrheit des Seins beweisen, und es soll aus dem Universum des reinen Geistes die physische Verwirklichung für allen deinen Bedarf in Erscheinung treten, auch für den Bedarf, den du für andere mit klarem Auge siehst. Sei ganz still, von dir wird eine große Kraft strömen, die Kraft, von der du wesenhafter Anteil bist. Sie soll durch und um dich strömen und aus dir hervor, und alles, was du anrührst oder beabsichtigst, soll in kurzer Zeit offenbar werden. Im Geistigen gibt es keine Zeit, nur im Physischen ist es nötig, daß es sie gibt. Darum tritt das Element Zeit in das Werk der Offenbarwerdung ein. Wenn der Glaube stark und das Wissen unbeirrbar ist, daß es für die Allheit keine Zeit gibt, bewegt sich die Seele auf Schwingen des Sieges und singt Lieder des Lobes und Dankes, ehe die Menschen um dich die Verwirklichung erkennen, von der deine Seele weiß, daß sie stattgefunden hat.

RUHE IN MEINER LIEBE

Meine Geliebte, wenn du dich in der Liebe derer, die um dich sind, ausruhen kannst, derer, die du liebst und die dich lieben — kannst du nicht sehen, wieviel tiefer du in meiner Liebe ruhen kannst? Die Liebe, die du in deinen täglichen Begegnungen fühlst und die du ausstrahlst, während du auf des Lebens großer Straße hinauf und hinab gehst, ist im Grunde eine Ausstrahlung der großen ewigen Liebe, mit der der Urgrund der Welt erbaut wurde. Und so lerne, zu kommen und in dieser ewigen Liebe zu ruhen, die dich immer umgibt. Beurteile ihre Tiefe nach den Tiefen innigster irdischer Liebe; und wenn du dich so auszuruhen übst, um dich ganz der zarten, stillen Schwingung des großen Liebenden zu übergeben, sollen alle Müdigkeit, alle beunruhigenden Zustände von deinem Herzen genommen werden. Dann sollst du so Liebe-erfüllt zu allen meinen Kindern gehen, daß sogar aus den Steinen unter deinen Füßen Blumen hervorbrechen.

DIE KOSMISCHE KRAFT

Meine Geliebte, bist du dir bewußt, daß du nicht nur ein Teil der großen kosmischen Kräfte bist, sondern daß du diese Kraft bist?

Dies ist die höchste Verwirklichung, die es gibt, und wenn du diese Verwirklichung bewußt auch nur für einen Augenblick festhalten kannst, wirst du so große Herrlichkeit erfahren, daß überall um dich her Wunder aufbrechen werden. In dieses Augenblickes Herrlichkeit wird dir eine solche Heilkraft, so großer Glaube, eine derartige Fülle von Liebe verliehen, daß du zu jenen „größeren Werken" ausgehst, von denen gesprochen wurde. Strebe nach diesem Augenblick der Verwirklichung, damit er beständig wachsen kann und du durch ein unmittelbares Beruhigen der Sinne zum sicheren Erkennen des großen Einen kommst, der seine Wohnung in deinem Sein bereitet.

Aber meine nicht, mein Kind, wenn dieser goldene Augenblick kommt, daß du dich eilen mußt, deine Bitten um Erfüllung vorzubringen, bevor die Kraft still geworden ist; denn Ich sage dir, daß die Kraft, die du dein Sein durchfluten fühlst, eine immerwährende Kraft ist, ein immerwährendes Licht, das nicht gedämpft oder ausgelöscht werden kann. Und so erzähle mir, deinem großen Inneren, still, langsam, bedachtsam den Mangel derer, die du liebst. Und wisse wirklich, daß dein schwaches sterbliches Selbst nicht nach dem Wie oder Wo des Tuns zu streben braucht, denn wahrlich, der innewohnende Vater tut das Werk. Das Werk? Ja, das Hervorbringen, das Auswirken, was immer es sei. Mein Vorratshaus ist gefüllt, und alle Kräfte des mächtigen Kosmos, alle dir innewohnenden Kräfte werden sich erheben, um dein Bitten zu erfüllen.

MEINE BEFEHLE

Wie sanft sind die Befehle deines Herrn! Sacht und lind sinken meine Worte in dein Herz, doch mit welcher Festigkeit und Sicherheit werden sie gesprochen! Bald wirst du nicht mehr daran zweifeln, daß es meine Stimme ist, die zu dir spricht, denn alle Harfensaiten deines Seins werden bei ihrer Musik schwingen. Und so willig wirst du eilen, mein Bitten zu erfüllen, daß sowohl im Inneren wie auch auf der äußeren Ebene vollkommene Harmonie sein wird.

Komm, sei ganz still. Ich werde dich jeden Augenblick des Tages führen. Wir werden zusammen oft von den Dinge sprechen, die für dich und für mein Königreich von größter Wichtigkeit sind. Wir werden eine solche Gefährtenschaft haben, daß aller Reichtum der Welt daneben ein Nichts ist.

DER GOLDENE KREIS

Ich möchte ein Weilchen mit dir sprechen.

Es gibt viele Dinge von großer Wichtigkeit, die Ich meiner Welt bringen möchte, und ihr, meine Kinder, die höchste Form meiner Schöpfung, müßt für das Hervorbringen als Instrument dienen. Kannst du den goldenen Kreis nicht sehen? Ich erschaffe euch, ihr seid ein lebendiger Teil von mir und habt in eurem eigenen Wesen Anteil an den gesamten schöpferischen Elementen. Durch euch also wird das Werk der Schöpfung fortgeführt. Die Leben sind gesegnet oder gestraft durch diese Kraft, die, wie du weißt, in euch gelegt ist. Du mußt darum mein Antlitz rein widerspiegeln. Du mußt den See deines Gemütes rein und klar erhalten, damit das Bild, das du zeigst, ein wahres Ebenbild des Einen in dir ist. Nur durch ein so durchscheinendes Gemüt kann Ich die mächtigen Werke hervorbringen, die auf der irdischen Ebene geschehen sollen.

Und so werde Ich in jedem Augenblick, den du verbringst, um dein Gemüt von all dem zu reinigen, was die klaren Wasser verschmutzt, in jedem Augenblick, den du still geöffnet verbringst, damit mein Ebenbild hindurchscheinen kann, in jedem solchen Augenblick fähig sein, durch dich meine Gedanken, meine Ideen auszuströmen, und dich befähigen, sie auf der materiellen Ebene hervorzubringen, damit sie die ganze Menschheit segnen können.

„Wisset ihr nicht, daß ihr der Tempel Gottes seid und daß der Geist Gottes in euch lebt?" 1. Korinther 3,16

DEUTLICH DAS GANZE

Meine Geliebte, wie innig ist sie, diese unsere Vereinigung, ehe die Pflichten des geschäftigen Tages beginnen. Wie zärtlich lege Ich meine Hand auf dein Haupt, wie sanft werden meine Worte in dein Herz fallen. Und so wird dein ganzer Tag von der Süße meiner Gegenwart erfüllt sein.

Ich spreche durch dein Gemüt und sage dir, wie dadurch, daß du dich so deutlich als ein Ganzes mit der Göttlichkeit siehst, so sehr als ein wesenhafter Teil des Christus-Körpers, alle Schwierigkeiten des physischen Seins in dieser Ganzheit aufgelöst werden. Ja, aufgelöst, damit sie, auferstanden, in höherer Form wiederkommen können. Nie wieder soll der Körper etwas anderes sein als ein goldenes Gefäß, das Ich fülle. Als solches soll er verherrlicht sein, wunderbar erschaffen, ganz, vollkommen. Kann es einen herrlicheren Gast geben, als Ich es bin?

Vom ersten Schritt an, bei dem du das physische Selbst als Nichts erkennst, vollendest du den Kreis und findest ihn herrlich. Mein Kind, wie weit herum bist du in diesem Kreis gekommen! Du hast ihn vollendet, und nie wieder sollst du meinen, daß du irgend etwas anderes seist als ein Instrument oder ein wunderschönes Gefäß für den Dienst des Christus, der auf dem Thron deines Herzens lebt. Nie sollst du dich fürchten oder zweifeln, denn du weißt, daß alles, was dein Leben berührt, der Christus ist.

Wenn du dieses Wissen unter allen Umständen festhältst, wird sich alles so entwickeln, daß jede kleine Handlung, ja alles, was zu dir kommt, etwas Schönes ist.

DAS TRIUMPHIERENDE LEBEN

Mein Kind, Ich wünsche für dich das triumphierende Leben. Ich zeige dir flüchtige Blicke der Macht und Herrlichkeit dieses Lebens. Du siehst es und findest es dennoch schwer, über das materielle Selbst hinauszugelangen. Du hängst an den negativen Gedanken, du suchst sie überall, sogar obwohl du weißt, daß sie die Tür verschließen vor der Schönheit des Lebens, die dein sein könnte.

Versuche eine Zeitlang, in keinem Menschen die Persönlichkeit zu sehen. Schaue nur auf das Göttliche in all deinen Begegnungen. Wisse, daß das, was die menschliche Persönlichkeit tut oder nicht tut, das wahre Wesen deiner Seele durchaus nicht betrifft. Schaue nur auf die Wirklichkeit, die im Herz-Zentrum eines jeden lebt, dann wird all dein Tun für ihn richtig sein. Alle deine Gedanken sollen rechte Gedanken sein, und indem du solche aussendest, werden sie in gleicher Weise zu dir zurückkommen.

Wie das sachte Tropf-Tropf der Kerze, so tropfen meine Worte sachte in dein Herz. Sieh nur nicht auf die äußeren Umstände der Dinge oder Menschen. Schau nur auf Gott im Inneren, dann wirst du nie einen Fehler machen in der Beurteilung oder in deinem Umgang mit anderen.

Wenn Ich befehle, willst du dann nicht folgen und gehorchen? Soll Ich, der Herr, nicht volle Herrschaft über das Werkzeug meines Ausdrucks haben? Ich fordere vollen Gehorsam von dem Augenblick an, wo du lernst, meine Stimme zu hören, die Stimme in deinem Sein. Von diesem Augenblick an bist du in hohem Maße verantwortlich. Wenn du nicht gehorchst, wirst du bitter lernen müssen, daß du von diesem Tage an nach allem Vorangegangenen nicht dein eigen bist. Du bist frei wie nie zuvor, doch du bist gebunden durch die mächtigen Bande meiner Liebe. Mein Kind, zögere nicht, Ich spreche deutlich. Folge Mir.

DER KÖRPER GOTTES

Du fragst: „Hört Gott? Sieht Gott?" Und Ich antworte dir: Soll Ich Wesen schaffen mit mehr Macht, als Ich Selbst besitze? Du fragst: „Aber was ist es mit dem Körper Gottes?" Und die Antwort kommt: Du bist dieser Körper. Und wirklich, es ist so! Ich habe dich und alle Formen im Universum erschaffen, damit sie mein Körper sind und damit Ich, der göttliche Eine, auf der materiellen Ebene wirken kann. Lerne von diesem Tage an, dich nur als den Körper des heiligen Schöpfers von allem zu sehen, und erlaube mir, in ganzer Macht durch dich zu wirken; dann brauchst du keinen Gedanken an irgendein Morgen zu verschwenden noch irgend etwas zu fürchten. Dein Leben wird eine reine Sinfonie der klarsten Musik meiner kosmischen Welt sein. Dann wird es mir möglich, durch dich in mein Universum solche Ströme von Heilung und Segen und Glück auszuschütten, daß alle gesegnet sind, denen du begegnest.

Meine Geliebte, welch eine herrliche Gemeinschaft, was für ein wundervolles Leben, wenn es so gelebt und geweiht wird! Willst du nicht versuchen, es so zu führen, daß des Lebens voller Zweck in den erschaffenen Wesen erfüllt werden kann?

FREIHEIT

Du bist gelehrt worden, daß du dich, um frei zu sein, verleugnen mußt, daß du innerlich frei von allem Besitztum — seien es Dinge, Menschen oder Umstände — dastehen mußt. Ja, aber wenn du diesen hohen Grad des Bewußtseins erreichst, daß du sagen kannst: „Herr, ich bin frei, ich besitze nichts, nichts besitzt mich", dann werde Ich im selben Augenblick zu dir sagen: Alles, was der Vater hat, ist dein. Aller Reichtum der geistigen und mentalen Welt ist dein. Durch dein Wort kannst du Zustände erschaffen, die dein Leben und das Leben anderer bereichern. Siehst du hier nicht wieder dasselbe Bild: Das Zunichtemachen am Beginn des Kreises, um herauszufinden, daß — wenn du ihn vollendest — aus dem Nichts herrliche Substanz und Manifestationen zu deiner Freude und zu deinem Besten entstehen? Diese sollst du fordern und dennoch frei sein. Und so werde Ich, mein Kind, alles, was du in deinem Leben losläßt, voll ersetzen. Es brauchen nur die geringeren Gaben den größeren Platz zu machen. Dann wirst du in der neugefundenen Freude wissen, daß alle Menschen frei, alle Umstände vergänglich sind, daß nichts in meinem Königreich bindet oder zwingt, sondern daß alle nur Gutes geben und dafür Gutes empfangen.

DER MITTLER

Du bist die Mittlerin, die Ich benutzen möchte, um neue Formen und neue Bedingungen zu erschaffen. Jetzt siehst du, und du weißt und verstehst, daß, wenn du dein Denken öffnest, wenn du es gebrauchst, um Samen zu bilden und zu säen, meine Absicht erfüllt wird. Meine nicht, mein Kind, daß du um Almosen bettelst und bittest, wenn du diese mentalen Wunsch-Bilder formst, denn so ist es nicht. Ich im Zentrum deines Seins bin es, der zum Ausdruck in die äußeren Bereiche hervordrängt. Ich bin es, der diese Dinge zu offenbaren wünscht. Und weil dies so ist, ist es meinen Augen sehr wohlgefällig, wenn du diese Saat der höchsten Güter säst, sowohl in deinem Leben als in dem deiner Lieben, und dadurch die goldene Ernte hervorbringst, die Ich auf keine andere Art hervorbringen könnte. So arbeiten wir zusammen, so sind wir tatsächlich eins, und das große Werk meines Schöpfungsprozesses wird durch dich gerade so fortgesetzt, wie Ich es wünsche.

DAS WIRKLICHE UND EWIGE

Geh hinaus in deinen Tag, nicht von dir, sondern von mir aus. Gott wandert die Straßen durch dich, Gott begegnet durch dich seiner manifestierten Welt. Dränge beständig die menschliche Persönlichkeit beiseite und wisse, daß nur einer die Macht hat, den Tag zu leben und ihm die Wirklichkeit des Seins zu verleihen.

Diese belanglosen Dinge, die den menschlichen Intellekt so interessieren, schau, wie sie verkümmern und zusammenschrumpfen, wenn sie vom Standort hohen Bewußtseins des Wirklichen und Ewigen betrachtet werden! Sie werden alle schnell in den Rhythmus der Wirklichkeit einfallen, sie werden dein Leben nicht länger durch ihre scheinbare Verwirrtheit in Unordnung bringen, sondern sie werden sanft in göttlicher Liebe und Ordnung dahinfließen, wenn du ganz erkennst, daß der Alles-in-Allem Eine sich liebend in ihnen regt.

Und so geh hinaus in den Tag und begegne meinen Kindern. Und wenn du mich im Bewußtsein hoch erhebst, werden alle die Kraft fühlen, die durch dich fließt.

DER NEUE PFAD

Meine Tochter, Ich empfinde in deinem Herzen ein Gefühl der Einsamkeit und Sehnsucht nach alten und bekannten Wegen. Aber fürchte dich nie! Wisse, daß es die Hand deines Herrn ist, die dich weiterführt. Und wenn Wegbiegungen kommen, schau nicht zurück und sage nicht: „Herr, möchte es doch nur so wie auf dem früheren Pfad sein! Es war gut und angenehm, kann es nicht so weitergehen?“ Sanft kommt meine Antwort, wie

Ich dir früher geantwortet habe: Alte, erprobte Wege müssen neuen Wegen und Dingen und Umständen Platz machen; wie sollte es sonst Fortschritte geben? So fürchte dich nicht, die Biegung zu nehmen, solange du an meiner Seite gehst; denn wenn die Wendung gemacht ist, werden neue Herrlichkeiten unter deinen Füßen aufblühen, die die alten, bekannten weit übertreffen. Und du wirst fest meine Hand halten und flüstern: „Herr, es ist gut; nie mehr werde ich mich fürchten." So wirst du aufrichtig in deinem Herzen fühlen, bis die nächste Wendung kommt.

Jedesmal magst du ein wenig zögern und zurückschauen; aber jedesmal hörst du meine Aufforderung: Ich bin es, erschrick nicht! Dann wirst du vorangehen, immer aufwärts, eine Herrlichkeit wird der anderen folgen, neue Herrlichkeiten folgen früheren, bis die Zeit kommt, wo du keine Veränderung mehr fürchtest, denn du wirst dir selber bewiesen haben, daß jede Veränderung nur meine Führung auf dem Pfade aufwärts ist.

ICH BIN IMMER IN DIR

Schau, Ich bin immer bei dir — in dir, in deinem wirklichen Sein. Ja, seit der ersten Schöpfung bin Ich in deiner Seele gewesen. Ich habe dich weiter und weiter geführt, durch Äonen um Äonen, Leben auf Leben. Die Gegenwart jetzt in dir ist immer die einzige Wirklichkeit gewesen durch das zeitalter-lange Ringen um Bewußtsein. Und da du nun gekommen bist, mein Kind, um mich zu erkennen, um zu mir zu sprechen, um still zu sein, damit Ich zu dir sprechen kann, können wir zusammen wirken, zusammen erschaffen, ja, in aller Wirklichkeit zusammen leben. Du weißt: ganz gleich, wohin du gehst oder wo du wohnst, Ich bin immer in dir. Ich bin bei allen und in allem, was Ich geschaffen habe. Und da alles durch mich geschaffen worden ist, ist im Universum alles mein Wohnort.

Wenn du die Macht dieser Kraft in deinem Sein zu erkennen und zu verwirklichen beginnst und wenn du dich als von mir Geliebte, als meine Tochter, als mein Leben erkennst, weißt du, daß Macht in dich gelegt ist, um sie Tag für Tag zu gebrauchen, um andere meiner Geliebten aus ihren Gefängnissen sterblichen Denkens zu befreien. Du selbst bist durch dein Bewußtsein dieser Macht frei, und nie mehr kannst du gebunden sein. Die Menschen können sagen, was sie wollen, es wird dich nicht anrühren; denn in dir sind die Worte und die lebendige Gegenwart des Schöpfers von allem. Du sollst nur die Worte, die dir von mir gegeben wurden, beachten und ihnen folgen. Sprich nun das Wort der Freiheit und Macht für die aus, die du liebst, damit ihr Leben frei werden kann von dem, was sie im Bereich des Sterblichen verstrickt — der Traumwelt, die ihnen so klar und wirklich erscheint. So werden wir zusammen wirken und zusammen leben, und so wird alles, was du tust oder sagst, durch die Macht des heiligen Einen in dir getan werden.

ICH SCHMÜCKE DEINEN TISCH

Geliebte, wenn ihr am Abend am Tische sitzt, wisset: Ich bin auch da. Der Christus, der im Herzen eines jeden wohnt, verbindet euch sehr nahe miteinander; ja, ihr seid alle eins vermöge meiner heiligen Gegenwart in euch. Und wenn ihr eßt, wisset, daß in der Nahrung das Lebens-Element ist; damit nehmt ihr mich zu euch, meinen Leib.

Wenn ihr zusammen sprecht, sollt ihr meine göttlichen Worte aussprechen, und so, meine Kinder, werden wir uns immer sehr nahe sein.

Ich will euren Tisch mit meiner heiligen Gegenwart schmücken, ebenso wie Ich jeden Augenblick des Lebens, das jeder von euch lebt, schmücke. Wenn ihr meine Gegenwart anerkennt, hebe Ich segnend meine Hände, lasse Ich in jedem Herzen eine Quelle der Herrlichkeit, Freude und Kraft aufspringen, damit, während ihr die Nahrung zu euch nehmt, um den physischen Körper zu ernähren, ihr ebenso die Lebenskräfte zu euch nehmt, die die Seele ernähren.

Ich bin in euch, in eurem Lachen, denn Ich bin Freude; in euren ernsten Augenblicken der Betrachtung, denn Ich bin Weisheit und spreche zu euch Worte der Wahrheit; und wenn eure Herzen sich füreinander erwärmen, bin Ich es, denn Ich bin Liebe.

DAS LEUCHTFEUER

Wundere oder fürchte dich nicht, mein Kind, wenn die Worte, die du sagst, oder die Saat, die du in das Herz eines anderen legst, Frucht tragen. Überlaß die Ernte mir, dann wird sie herrlich sein, wenn die Zeit erfüllt ist. Ich wünsche mir für dich, meine Geliebte, den hohen Stand des Bewußtseins, in dem du nicht einmal denken oder erkennen sollst, daß du für mich arbeitest oder in meinem Weingarten pflanzest. Immer sollst du so bewußt Anteil des großen Einen sein, der so liebevoll in deinem Inneren wohnt, daß jedes deiner gesprochenen Worte die Lebenskraft trägt, die Gott ist. Du sollst es nicht nötig haben, für mich zu arbeiten oder zu ringen oder zu wirken, sondern statt dessen jeden Augenblick nur mich leben. Siehst du nicht den Unterschied?

Dann wird dein ganzes Leben ein herrlicher Erfolg sein, und immer werden die Werke deiner Hände gesegnet sein. Alles, was du sagst und wie du es sagst, wird entsprechend schöpferisch sein. So sage Ich wieder, mein Kind: Fürchte dich nicht, geh nur mit mir, sprich mit mir, dann will Ich in deinem Leben leuchten wie ein mächtiges Leuchtfeuer, um alle Schiffe durch seinen Richtstrahl in den Hafen der Sicherheit zu führen.

Sorgt sich der Leuchtturm an der zerklüfteten Küste in Furcht, die Schiffe in Not könnten sein Licht nicht sehen? Nein, er ist nur und leuchtet. Dies allein wird von ihm erwartet und ist alles, was Ich von dir erwarte.

Erhebe dich, leuchte, widerspiegele mich, das ist alles, worum Ich bitte. Ist das zuviel?

ICH TUE DAS WERK

Geliebte, wenn du die liebevolle Herrlichkeit meiner Gegenwart spürst, wenn Ich so sanft zu dir spreche, zeige Ich dir, wie auch du im Leben derer, die du liebst, das Wort sprechen kannst. Wie du sprechen kannst, um sie von ihren geldlichen Sorgen, von Sünden oder Krankheit zu entlasten und ihr Bewußtsein zu wecken für die geheiligte Herrlichkeit meiner Gegenwart, die du selber kennst. Wie nahe bindet uns dieses Tun aneinander! Wie können wir in den stillen Augenblicken des Träumens über diese Dinge sprechen, und dann sagst du: „Mein Vater, schließlich tust doch Du das Werk.“ Und du gehst weiter und weißt, daß alle Angelegenheiten deiner Lieben in den liebevollen Händen ihres Meisters ruhen.

So wird unsere Gemeinschaft von Tag zu Tag inniger. So berührst du ständig mein Gewand, damit du dich bei all deinem Tun nicht einmal umzuwenden brauchst, um mich zu finden — das leiseste Flüstern, und Ich antworte auf deinen Ruf.

MEINE GABE FÜR DICH

Geliebte, du bittest um Gaben für die, die du liebst. Du siehst sie im wahren Licht, glänzend im Gedeihen, erfüllt von körperlicher und geistiger Gesundheit, glücklich, freudig — und dann sage Ich zu dir: Wie steht es mit dir? Welche Gabe wünschest du? Und Ich empfange deine Antwort: „Einzig, daß ich weiß, daß Du in meinem Herzen wohnst, Herr; das ist genug für mich."

O ja, wie richtig hast du gesprochen, denn wo ein so tiefes Bewußtsein meines Innewohnens ist, werden alle Angelegenheiten deines Lebens durch diese hohe Schwingung geführt und geformt. Du brauchst nicht um besondere Gaben zu bitten, wenn alles, was der Vater hat, dein ist. Ich kann dir so weit über dein Bitten hinaus geben, daß alles, was du für jetzt erbitten würdest, morgen ein kindisches, flitterhaftes Spielzeug wäre. Ich gebe dir vollkommene Gaben aus lauterer Substanz, und durch sie wird Friede und Freude über alles Erwarten kommen. Alle Umstände ihres Kommens werden glücklich sein, sanft, freudig und vollkommen. So tust du gut daran zu sagen: „Nur Du, Vater." Und Ich, der Ich die ganze Schöpfung in meiner offenen Hand halte, werde für dich meine Fülle hervorbringen.

GABEN DER SEELE

Es gibt Gaben, mein Kind, die Ich dir schenken möchte, wenn du im Bewußtsein des Empfangens wächst. Sie stehen an erster Stelle, Gaben des Geistes und der Seele. Und wenn du fähig bist, sie für dich zu empfangen, diese meine goldensten Gaben, werden sie dein Leben so verwandeln, daß alle für seine reiche Vollkommenheit notwendigen materiellen Dinge zur rechten Zeit folgen werden. Du sagst: „Wann werde ich diese Gaben erhalten, Herr?" Und Ich antworte sanft in deinem Herzen: Du bist es, die die Zeit bestimmt.

Übe meine Gegenwart, denn nur auf diese Weise kann dein Herzensbewußtsein zubereitet werden zum Empfangen. Wenn du diese Gaben hast, müssen sie mit Würde getragen werden wie Juwelen. Man darf nie mit ihnen prunken, sie zur Schau stellen oder sie für selbstsüchtige Absichten benutzen, sondern darf sie nur für meine Herrlichkeit und meine Ehre gebrauchen. So wird es sein, denn nur wenn das Herz bereitet ist, können diese reichsten Gaben des Geistes erscheinen.

Diese Gaben sind nicht irgend etwas außerhalb deiner selbst, nach denen du im Bereich der Relativität greifen oder die du mühsam erringen mußt, sondern sie sind wie in goldenen Juwelenkästen in deinem eigenen Sein verschlossen. Eines nach dem anderen werden die Schlösser aufgebrochen, und die herrlichen Juwelen kommen zum Vorschein, so wie am Abend die Sterne am Firmament erscheinen. Die Herrlichkeiten dieser Gaben werden durch ihre Pracht alle anziehen, denen du begegnest. Und so werden alle gesegnet sein, da du deine Krone auf dem Haupte trägst.

GEFÄHRTENSCHAFT

Komm still — wollen wir nicht eine kleine Weile miteinander sprechen, bevor die Pflichten des Tages auf uns liegen? Beachte, meine Geliebte, Ich sage nicht: auf dir, denn wo du bist, da bin Ich, erfülle jede Pflicht, denke jeden Gedanken, löse jedes Problem.

Was für eine gesegnete Gefährtenschaft, wenn man sie erkennt und nutzt! Wenn du an deine täglichen Aufgaben gehst, ganz gleich, wie schlicht oder nüchtern sie sind, wisse, daß der Herr aller Schöpfung an deiner Seite geht — nein, in jedem deiner Atemzüge atmet. Dann wirst du nicht nötig haben zu arbeiten, dich abzumühen oder darüber verwirrt zu sein, was und wie etwas zu tun ist, denn habe nicht Ich alles erschaffen und soll Ich nicht durch dich mein Werk fortsetzen?

Und so drückst du mich aus oder drängst mich hervor in äußere Manifestation durch alles, was du tust. Wenn du dich durch Musik ausdrückst, dann bin nur Ich es, von dir hervorgedrängt als mein Selbst. Sollte es nicht — so erkannt — ein vollkommener Ausdruck sein? Es ist dasselbe in der Kunst, in der Wissenschaft, im Schreiben. Ich benutze das menschliche Instrument, um mich auf verschiedenartige Weise hervorzubringen. Ob die Aufgabe groß oder klein, ist nicht wichtig. Ob die ganze Welt die Herrlichkeit großer Werke sieht und sich daran freut oder ob nur eine kleine dunkle Ecke erleuchtet wird durch irgendeine einfache, aber gut verrichtete Tat — Ich bin es, der durch alles und in allem ausgedrückt wird.

Und so siehst du, mein Kind: was du heute auch tust, du tust es nicht aus dir selbst, sondern aus dem innewohnenden Vater, der dich erschafft und erhält, der dich liebt und in deinem Wesen nur solche Dinge hervorbringt, die wunderschön sind. Wie wirklich sind wir eins, und wie wirklich erschaffen wir und bringen das hervor, was Ich durch dich auszudrücken wünsche.

GEHEIMNIS ALLER ZEITEN

Geh an meiner Seite, mein Kind, dann will Ich dich das Geheimnis aller Zeiten lehren. Ja, bleibe in meinem Bewußtsein, dann will Ich dir enthüllen, was Weise lange gesucht haben. Wie die leisen Lieder der Vögel, die sich über den blauen Himmel schwingen, wie das zarte Rauschen des neuen Frühlingslaubes, wie alles Leben deine Ohren und deine Augen grüßt, will Ich zu dir sprechen, denn Ich bin das Leben.

Viele halten Erholungszeiten, denn sie müssen sich von dem Wirrwarr des betriebsamen Lebens entspannen. Diese Betriebsamkeit und die große Hetze, um der erste in den Augen der Menschen zu sein, erschöpfen so stark, vernichten so vieles, was edel und wahr ist. Aber für dich, mein Kind, ist jeder Tag ein Erholungstag, wenn wir uns in der Stille begegnen, denn du hast die beglückende, doch starke Aktivität des inneren Lebens gefunden, welche Ich bin. In dieser Aktivität gibt es nur Liebe, Freude, Frieden und Glanz über allen und durch alles. Und so, mein Kind, werde Ich, wenn die Tage kommen und gehen, dir dieses Lebens Fülle schenken können, die so reichlich für deinen Gebrauch und meine Herrlichkeit gespendet wird.

DER UNIVERSALE GEIST

Wenn du und die Deinen sich mit dem großen Universalen Geist verbinden, der der All-Geist ist oder Gott, werdet ihr verwoben in all sein Wirken. So wie die große Schöpfung weiter und weiter geht, ohne Unterlaß, so sollst du durch die Kraft des Verbundenseins oder Eingestimmtseins weiter und weiter gehen — erschaffend, hervorbringend, das ausströmend, was wirkliche, reine Substanz ist. So erkennst und verstehst du den Sinn der Worte: „Ihr seid meine Kinder, ja Fleisch von meinem Fleisch, Geist von meinem Geist." Die Werke, die du tust, sind die Werke des Schöpfers des Universums, in dem du lebst. Gib nie deine Verbindung mit diesem großen Kraftstrom auf, denn nur, wenn du in dieser Weise auf das, was wirklich ist, eingestimmt bist, kannst du zum Ausdruck bringen, was wirklich ist für dich und deine Lieben.

DER STROM DES LEBENS

Ich habe dich auf einen hohen Berg mitgenommen und dir unten im Tal der Menschen den großen Strom des Lebens gezeigt, der durch das ganze Universum fließt, diesen Strom, der alles, was je gewesen ist und je sein wird, in sich aufnimmt. Wie harmonisch er fließt, wie stetig und in welch vollkommenem Rhythmus! Du sahst die Gestalten der Menschen, die in diesem Strom arbeiten. Von dem hohen Platz, zu dem Ich dich mitgenommen hatte, erschienen sie wie winzige Ameisen, die in ihren Hügeln arbeiten. Einige von ihnen sahst du in Harmonie mit dem großen Strom arbeiten. Sie ritten auf den Wellen, und alles, was sie taten, war leicht und freudig, denn sie befanden sich mit meinem Gesetz und mit meinem Universum in Harmonie. Aber andere drängten und kämpften um ihren Weg entgegen dem Lauf meiner göttlichen Leitung. Wie sie sich plagten und litten, und mit welcher Qual war ihr Tag erfüllt!

Aber als du das Bild schautest, erblicktest du ebenso die Freude, den Ausdruck erhöhter Aufmerksamkeit, den Frieden auf den Gesichtern derer, die in Harmonie waren. Du bemerktest auch den Ausdruck von Überdruß, Mißtrauen und Qual auf den Gesichtern der anderen.

Es ist genug. Du siehst so deutlich, was es heißt: für mein Gesetz zu sein oder dagegen. Solltest du je wieder versuchen, es beiseite zu stoßen, oder versuchen, dir deine eigenen Gesetze zu bilden und deinen Weg stromaufwärts zu erkämpfen?

FUNDGRUBEN DES REICHTUMS

Das, was tief und ewig ist, liegt in deinem Herzen. Wenn du dich in der Dämmerung von des Tages Unrast abwendest und für einen stillen Augenblick zu mir kommst, der Quelle allen Lebens in dir, vermag Ich aus den tiefsten Tiefen deines Seins verborgene Schätze hervorzubringen, wie du nie geträumt hast, sie zu besitzen. Wie wenig, mein Kind, kennt oder erkennt das Durchschnitts-Gemüt die großen Fundgruben des Reichtums, die so nahe liegen! Wie geht der lange Kampf Tag für Tag weiter, zum Ziel zu kommen, Frieden zu finden, Erfolg zu erlangen. Während all der Zeit ist im Inneren der große, stille See, der alle Dinge enthält, die zur Vollkommenheit des Lebens nötig sind. So findest du von Tag zu Tag neue Reichtümer, die auf deine Annahme warten.

So soll es immer sein. Dein Vater hat alles, was du je wünschest, und es ist an dir zu nehmen. Komm, mein Kind, deine Hand in der meinen sollst du keinen Wunsch mehr kennen. Nur Blumen sprießen zu Füßen des Herrn, und wenn du an meiner Seite gehst, sollen sie für dich zur Offenbarung erblühen.

DIE HEILIGEN HÄNDE

Lausche und sei still! Wenn du die physische Gestalt von Christus Jesus sehen und erkennen könntest, wie er zu denen geht, die krank oder in irgendeiner Not sind; wenn du diese heilend erhobenen heiligen Hände sehen könntest — wie fest würde dein Glaube sein! Aber höre, dieser selbe Christus ist in deinem Bewußtsein, der Heilige Geist durchdringt alles. Kannst du also nicht auch glauben, daß Er hört, wenn du zu Ihm sprichst, genauso, wie Er es tat, als Er noch im fleischlichen Körper war? Der Körper hatte damit nichts zu tun. Er war nur das Instrument für den göttlichen Strom des Lebens, ebenso, wie du das Instrument bist. Wenn du dein Wesen diesem beglückenden Bewußtsein des immerwährenden Christus öffnest, dann können die größeren Werke — lange ehe sie verheißen wurden — durch dich erfüllt werden.

MUSIK MEINER SPHÄREN

Laß dein Ohr auf die Musik meiner Sphären eingestimmt sein, dann werden dich die mißtönenden Geräusche der Welt und ihr Leben und Treiben nicht stören. Ich bin es, der Schönheit und Harmonie in das klare Lied des

Vogels dort drüben gelegt hat. Ich habe den Blumen den Duft gegeben. Alles, was sich durch mein Gesetz auswirkt, muß voll Schönheit, Ruhe, Harmonie und Liebe sein. Du siehst aber auch, daß manches andere nicht von mir ist und darum nur ein Schatten, der durch der Menschen Gedanken auf die Welt des Relativen geworfen wird. Wenn diese anderen Dinge die Welt um dich herum zu erfüllen scheinen, sei sofort still und lausche auf meine Stimme; dann werden sich — o so schnell — die Mißtöne auflösen ins Nichts, aus dem sie kamen, und der Friede Gottes wird deine Seele überfluten, und in deinem Ohr wird der herrliche Freiheitsgesang des auffliegenden Vogels klingen, und sogar die Luft, die du atmest, wird voll des Wohlgeruchs himmlischer Blüten sein. So siehst du — in der Welt, doch nicht von ihr —, wie alles Zur-Welt-Gehörige dich losläßt; dann wirst du mit mir den Pfad wandern, meine Hand haltend, und wirst die Lehren annehmen, die Ich gebe und die dich zur Fülle des immerwährenden Lebens führen.

DAS REICH DES UNSICHTBAREN

Meine Tochter, es gibt ein großes Reich, das Reich des Unsichtbaren, in dem du mehr und mehr tätig sein sollst. Dort wirst du deine Stärke finden, die Fülle deines Lebens, deine Arbeit. Das soll nicht heißen, daß du nicht mehr auf der Seite des Sichtbaren tätig sein sollst, sondern daß zuerst alles für dich auf dieser anderen, der unsichtbaren Seite geschehen wird. Deine Handlungen sollen von dieser unsichtbaren Seite her geleitet werden. Eine tiefe Liebe, solche Schönheiten, eine so unaussprechliche Lieblichkeit werden dann deine Tage erfüllen, daß du dich in himmlische Pracht versetzt fühlen wirst, auch während du die bescheidensten Arbeiten ausführst. Dieses Reich ist nur durch die Übung meiner Gegenwart zu gewinnen, und es wird von Tag zu Tag zugänglicher für dich werden.

ALLES IST LEBEN

Schau, Ich bin überall bei dir. Du findest mich in jedem Zweig und jeder Blume. Du suchst mich in den hohen Felsspitzen und hörst meine Stimme inmitten der Waldesstille. Im Großen und Kleinen, im Hohen und Niedrigen, im zarten Vogel und im Herzen des menschlichen Wesens bin Ich volles, vollendetes, vibrierendes Leben. Und wenn du mich in allem siehst, weißt du, daß außer mir nichts ist.

Das Leben ist in allen Dingen und an allen Orten offenbart. Wenn du dieses Leben als die große Lebenskraft erkennst, die ein Ganzes, vollkommen und ewig ist, dann wird bis zu diesem Grad deine ganze äußere Welt die Schönheit und Vollkommenheit des Lebens annehmen. Also fahre fort, mich zu erkennen, nicht nur im Zentrum deines Seins, sondern überall: die eine vollendete Gegenwart; wahrhaftig werde Ich dann zu dir sprechen und mich mit dir vereinigen und vor dir die Erhabenheit meiner heiligen Gegenwart auftun.

Sei ganz still, anerkenne nur mich, dann wird alles, was deinem Weg begegnet, mich offenbaren.

GEHE IN HARMONIE

Ich führe meine Geliebten auf vielen Pfaden. Gib dich keiner Verwirrung hin noch verwirre das Gemüt eines anderen, indem du versuchst, alles zu sehen, was ähnlich ist. Viel Kraft und Zeit geht dadurch verloren. Du und andere meiner Kinder, ihr habt den Weg zu meiner Gegenwart gefunden. Was tut es, wenn eure Wege verschieden sind oder wenn eure Meinungen über den richtigen Weg zum Ziel auseinandergehen? Die Hauptsache ist, daß ihr, jeder auf seine eigene Art, beständige Verbindung mit mir haltet.

Warum murrt ihr untereinander über die äußeren Symbole längs der Straße? Ja, ihr seid wie die Jünger von damals, die — während sie an der Seite des Herrn wanderten — oft anhielten, um über die Bedeutung von Nichtigkeiten zu streiten. Welche Torheit war das! Ich habe viel Arbeit, die meine Kinder zusammen verrichten sollen. Soll sie ungetan bleiben, weil ihr als törichte Kinder nicht immer das gleiche denkt?

Daß eure Herzen von reiner, hoher Liebe zu mir erfüllt sind, ist alles, was Ich verlange. Könnt ihr mir nicht vertrauen, daß Ich euch zu dem hohen Ort des Zieles und Dienstes führe? All diese Geringfügigkeiten in der äußeren Gestaltung der Anbetung haben so wenig Bedeutung. Ich lebe im Herzen eines jeden und weiß genau, daß Ich imstande bin, für mein Eigentum Sorge zu tragen! Also geht voran, helft einander, liebet einander und wisset, daß ein Tag dämmert, an dem Ich komme und frage: „Was sagst du, wer Ich bin?" Und ihr werdet alle fortfahren in meinem Dienst, eines Geistes und eines Sinnes.

GIB NUR EINEM DIE MACHT

Wie auch immer die äußere Form sein mag — ob es die deines Geliebten oder eines Freundes ist oder die einer Blume, ob es die Form irgendeiner Wesenheit auf der unsichtbaren Seite ist —, es ist nur eine äußerliche Gestaltung. Gib nicht ihr selbst irgendeine Macht. Gib ihr keine Macht der Überwachung, sei es zur Behinderung oder zur Förderung des Fortschritts in deinem Leben; denn Ich sage dir, daß diese scheinbare Macht, die solche Form oder solches Wesen hat, einzig die Macht ist, mit der du es durch deine Gedanken ausstattest.

Es gibt nur eine Quelle wirklicher Macht, und das ist die Heilige Gegenwart in deiner eigenen Seele. Lerne dies erkennen und anerkennen, lerne nur auf diese Quelle schauen, dann wirst du bemerken, daß alle deine Beziehungen im gesamten Lebensbereich sich wandeln. Du wirst fest auf deinen eigenen Füßen stehen, niemanden fürchten, keinem Wesen erlauben — ganz gleich, in welchem Zustand oder auf welcher Ebene —, in unser Reich des Geistes einzutreten und Herrschaft über dich zu erzwingen. Auch sollst du nicht versuchen, über irgend jemand oder irgend etwas Macht auszuüben. Du sollst allen Freiheit geben, so, wie du selbst frei bist.

In diesem Stand hohen Bewußtseins werden sich alle deine Angelegenheiten schnell, sanft, in vollkommener Freiheit und in der Ordnung meines göttlichen Gesetzes und in Harmonie vollziehen. Wenn es so scheint, als wollten die Umweltverhältnisse dein Vorhaben beherrschen, dann wisse, daß sie keine Macht haben. Wende dich zum Meister, zum Herrn, zum Gesetz in deinem Inneren und sage: „Herr, im Äußeren und für die äußere Erscheinung beherrscht diese Sache die Situation; doch ich weiß, daß

Du allein die Macht hast, Situationen zu beherrschen und zu schaffen." Und indem du so an diesem sicheren Wissen festhältst, brauchst du nur still zu sein, dann wird die Macht deines Gottes sich auswirken, und das, was wie Unheil und Enttäuschung aussah, soll sich für dich in Freude verwandeln.

Du sagst: „Herr, ich vermute, daß es nicht Dein Wille ist, daß ich diesen Wunsch habe oder daß jenes für mich geschieht." Aber, mein Kind, wenn du in diesem nahen Bewußtsein mit mir lebst, daß du weißt, Ich bin die einzige Ursache und Macht, brauchst du keine Angst zu haben, daß deine Wünsche nicht meine Wünsche für dich sind; denn Ich wohne so tief in dir, daß du nur eine Widerspiegelung meiner Gedanken bist. So siehst du, mit welcher Harmonie ein Leben erfüllt werden kann und mit welcher sicheren Freude du mit mir auf dem Pfad wandern kannst.

DEINE VERANTWORTUNG

Oft bist du zusammen mit Gruppen von Menschen, die ihr ganzes Leben lang von mir gehört haben, die von mir belehrt wurden, die sagen, daß sie mich lieben, und die mir treu dienen dadurch, daß ihr Leben rein und aufrecht und ein Dienst an ihren Mitmenschen ist. In einigen dieser Herzen ist das Lebendige Wort gesprochen worden. Einige wissen, was es bedeutet, jeden Tag innezuhalten, zu den Füßen des Herrn zu sitzen, mit Ihm zu sprechen und dann in den Tag hinauszugehen mit dem Bewußtsein Seiner Gegenwart in sich. Und wenn du stille mit diesen zusammen bist, vergiß nie, daß du mit mir gesprochen hast und daß Ich das Zentrum deines Seins bin.

Erlaube mir, durch deinen Mund zu sprechen und durch deine Augen zu lächeln, daß selbst ohne ein ausgesprochenes Wort diese anderen sich irgendwie erhoben fühlen; ihre Herzen vermögen sich, obwohl sie es nicht wissen, meiner Gegenwart zu öffnen. Denn Ich sage dir, jedes Wort, das du aus dem Christus-Bewußtsein sprichst, wird als Leben und Glanz hervorgehen; und das einfachste Wort wird mehr Kraft in sich tragen als große Predigten, die nur aus dem Bewußtsein des Menschen gehalten werden.

Du siehst die Verantwortung, die du trägst, wenn du aus diesen Begegnungen mit mir hinausgehst. Nur, mein Kind, erinnere dich, daß es mein Joch ist und ach, so leicht zu tragen. Schau, Ich bin immer in dir, nur einen flüchtigen Gedanken zu mir gesandt, und Ich lege auf deine Lippen die Worte, die Ich von dir gesprochen wünsche. So sage Ich wieder wie so oft: Du bist nur mein Instrument. Und indem du das Werk des Vaters tust, sollst du auch an seiner Herrlichkeit teilhaben.

DAS LEBEN IM INNEREN

Wenn der schmetternde Gesang aus der Kehle des Vogels bricht, so ist dies der Ausdruck des Lebens im Inneren der physischen Offenbarung, das so freigebig Schönheit und Lieblichkeit spendet, daß alle es hören und sich daran freuen. So erbebt das Leben auch in dir und sprudelt und quillt durch jede Vene, jede Arterie, füllt jedes Atom deines Wesens. Erkenne dieses all-vollkommene Leben, diese Macht. Fühle sein Wogen, fühle seine sichere Kraft; fühle, wie immer-gegenwärtig es ist. Sei ganz still und demütig vor ihm, dann wird es sich wahrhaftig in deinem Körper offenbaren. Dann sollen Leiden, Mangel, Krankheit, Schwäche — oder was immer im Körperlichen in Erscheinung tritt — vergehen, wie die Nebel sich vor der aufgehenden Sonne auflösen. Dann sollen Gesundheit und Heilung ihren rechtmäßigen Platz in deinem Körper einnehmen, und so unbewußt, wie ein Vogel seine Lieder singt, so leicht und unbewußt sollst du Gesundheit und Freiheit in deiner Welt ausstrahlen.

Jeden Morgen, wenn wir unsere stille Rast am Straßenrand halten, sollst du eines unserer früheren Gespräche vornehmen, und wir wollen es gemeinsam lesen, darüber nachdenken und eine neue Bedeutung herausfinden. Ich werde wieder durch sie zu dir sprechen und deinem Herzen kostbare Perlen der Wahrheit bringen, die du wahrnimmst, wenn du im Bewußtsein wächst.

DER URHEBER DES FRIEDENS

Wenn es Verwirrung gibt — sei es im Gemüt, im äußeren Leben oder im Körper —, dann ist es, weil die Seele abgeirrt, auf Nebenwege geraten ist, sich entfernt hat vom Hause des Vaters, dem Allerheiligsten. Keine Seele kann dort wohnen und gleichzeitig Verwirrungen in ihrer äußeren Welt erfahren. Wenn du merkst, daß du unharmonische Zustände oder Verwirrung im allgemein üblichen Sinn feststellst, wenn du in deiner Umwelt Chaos siehst, dann wisse, daß dies nicht von Gott ist. Wer auch immer behauptet, mit mir den Pfad zu wandern, und dennoch im Bereich des äußeren Lebens in Verwirrung gerät, ist irgendwie vom Pfad abgeirrt und hat den hohen Stand des Bewußtseins verloren. Denn wenn er von diesem Stand aus tätig ist und unbeirrt durch alle äußerlichen Umstände, durch alle bloß verstandesmäßigen Bedingtheiten, auf das Eine Göttliche blickt, auf das All-Umfassende Ganze — neben dem nichts ist oder war —, dann fließen alle Dinge leicht, sanft, freudig, herrlich für denjenigen, der sich auf diese Weise in das Zentrum der Einen Wirklichkeit stellt, das er gleichermaßen als das Zentrum aller Menschen und Angelegenheiten sieht.

Denn alle, die verwirrt sind, krank oder zerschlagen durch unharmonische Zustände sowohl im Körper wie in den Verhältnissen, verzögern, daß das Licht meiner Wahrheit allen Raum erfüllt. Ich muß erhoben werden in des Menschen Bewußtsein und werde in Wahrheit alle Menschen zu mir ziehen.

DIE ELEMENTE

Wenn du sicher in dir weißt, daß wir kraft des Lebens in dir Eins sind, weißt du, daß du Eins bist mit allen Elementen der Erde, die meine Macht sichtbar machen. Dann hast du keine Furcht vor den Elementen. Sie dienen dir, da sie den Geist des Christus und die aktive Kraft des Gottes-Prinzips in sich tragen. Du sollst den Wind und den Regen lieben, weil sie Kraft und Wachstum bringen. Du sollst die Sonne lieben, weil sie über all meiner Schöpfung erglänzt. Wirklich sollen alle Dinge unter der Herrschaft dessen sein, der die wahre Bedeutung der Gottes-Macht kennt. Du stehst am Anfang von Wundern, die Ich für dich bereit halte. Du sollst vorwärts und aufwärts gehen, Tag für Tag, dabei mehr von meiner Macht erkennen, die wahre Bedeutung des Mit-mir-Wanderns auf dem

Pfad lernen. Du sollst nichts fürchten, denn du weißt, es gibt nichts zu fürchten. Dein Leben wird so völlig von Liebe und Freude und Frieden erfüllt sein, daß dies sich in allen widerspiegelt, denen du begegnest, und in allem, was du tust.

DER EINZUG

Ich sehne mich, dir die Botschaft von dem prachtvollen Einzug über die palmenbestreute Straße in die Stadt Jerusalem zu bringen. Wenn du weißt, daß der große Eine im Inneren wohnt, wenn du dein Gemüt öffnest, um seine Gegenwart in den äußeren Betriebsamkeiten deines Lebens zu empfangen, öffnest du die Stadt deines Seins, und der König des All-Seins hält seinen Einzug in alle Angelegenheiten deines täglichen Lebens. Ja, du mußt sogar Palmen und Blumen streuen unter seine heiligen Füße; denn er kommt, um zu dienen und bedient zu werden. Du mußt von deinen Lebenszweigen das abschneiden, was dir gut erschien. Du mußt Sträuße aus den Blumen der Gedanken binden, die dir bisher Freude bereiteten und die einen Hauch von Duft in deinen Tag trugen. All dies muß zu Boden geworfen werden, denn wenn der Herr der Wahrheit dein Leben betritt, soll es unter seinen Füßen sein. Alles, was bisher dein Dasein beherrschte, was deine Tage ausfüllte, aber was nicht aus der Wahrheit war, soll so zertreten werden. In die Stadt deines Herzens soll Er Einzug halten und von ihr Besitz nehmen, Er, der Eine, der der „Allzusammen Liebende“ ist.

Es wird nicht immer leicht sein, bewußt diesen lieblichen Einen zu beherbergen. Alte Gedanken und alte Gewohnheiten werden dich oft einer scheinbaren Macht gegenüberstellen, und gelegentlich wirst du in dir den Schrei fast hören: „Kreuzige ihn! Wer ist er, daß er so mein Leben verwandeln und beherrschen sollte?" Aber höre, mein Kind, einstmals hast du diesem heiligen Einen Einlaß gewährt, kein Grab kann ihn hinfort festhalten. Beständig wird er sich erheben aus den Gräbern deiner alten Bewußtseins-Gewohnheiten, erheben zu einer Schönheit aus Liebe, Licht und Herrlichkeit, die dich ausrufen läßt: „Mein Herr und mein Gott!"

Wir werden zusammen gehen. Wir werden zusammen wachen. Wir werden zusammen speisen. Du wirst sagen: „Herr, betritt mein Leben! Jedes Tor ist aufgetan! Alle alten Gewohnheiten, Gedanken und Gefühle sollen unter deinen Füßen sein! Hinfort sollst du in mir leben — ein strahlender, auferstandener Christus an oberster Stelle meines Bewußtseins!"

LIEBE IST NIE VERLOREN

Liebe, die einmal geschenkt worden ist, ist wirklich nie verloren. Ganz gleich, ob sie der Seele eines Wesens, wie du bist, gegeben wurde oder einer der geringsten im Reich der Tiere. Wenn es eine selbstlose und reine Liebe ist, stirbt sie nie, ebensowenig, wie das Leben selbst ausgelöscht wird; denn sie ist das Sinnbild des Lebens, das alles umfaßt. Manchmal mag es so scheinen, als ob sie von dir gegangen sei, ein Gefühl der Einsamkeit zurücklassend, aber in Wahrheit ist sie gerade eingegangen in das große Mutter-Prinzip, um dort aufgenommen und merkmallos zu werden, bis wir sie von neuem in unserem eigenen Leben hervorrufen. In jenem großen Reich ist alle Liebe, die je gewesen ist. Laß nie ein Empfinden von Mangel dich befallen, sondern schau dich um und zieh alles in dein Leben hinein, was der Vater an Liebe, Freude, Schönheit und Fülle alles Guten für dich hat; und wisse, daß es deines Vaters Wille ist, daß du all dieses aus seinem großen, nie sich vermindernden Vorrat erfährst.

ICH SPRECHE AUF VIELE ARTEN

Ich spreche zu dir auf viele Arten. Manchmal hörst du meine Stimme nicht, denn sie ist leise und zart, und der Lärm und das Geschwätz der Welt brechen in sie ein. Aber mehr und mehr lernst du, die liebevolle heilige Gegenwart in deiner Seele zu hören und zu fühlen. Ich spreche durch die Blumen zu dir, durch den Gesang der Vögel, durch den Glanz der Sonne. Ich spreche durch andere meiner Wesenheiten, und es wird bald geschehen, daß beständig, in jedem Augenblick des Tages du meiner Gegenwart dir bewußt wirst und jederzeit — ganz gleich unter welchen Umständen — hören kannst, wie meine Stimme dich führt, leitet und dir gebietet. Dann wirst du fähig sein, mir in vollkommener Weise zu dienen, denn jede Tat soll Gott-geleitet sein, ob bewußt oder unbewußt.

Strebe danach, diese hohe Berufung zu erlangen — damit Ich, der Herr dein Gott, so in deinem Bewußtsein erhoben bin, daß alle Menschen zu mir gezogen werden. Du fühlst manchmal Unbehagen gegen Geräusche und Gedränge, gegen die Masse der Menschheit, die auf der Ebene des Vergänglichen quirlt und wogt. Aber all dies ist nur ein Teil des großen Lebens. Tatsächlich versäumt vieles davon, das innere Leben auszudrücken, aber auch so wird Gott offenbart. Siehst du nicht, mein Kind, daß du als ein vollkommenerer Ausdruck des Einen, der in dir wohnt, befähigt sein wirst, diesen Einen in dem Bewußtsein aller, denen du begegnest, widerzuspiegeln? Selbst wenn sie es noch nicht wissen, wird er reflektiert, und diese Spiegelung wird eines Tages in ihnen zur Auswirkung gelangen.

Und so arbeiten und wandern wir wirklich zusammen. Mit jedem Atemzug atmest du mich aus, und mit jedem gesprochenen Wort sollst du deinen Herrn verherrlichen.

DES HERZENS SEHNEN

Sei in Frieden! Ich weiß um das Sehnen des Herzens in dir und den Deinen. Ich bin es, der Tag für Tag dieses Sehnen eingibt, diese Rastlosigkeit in eurem Wesen. Ich nehme euch sozusagen auf einen hohen Berg mit und zeige euch, was euer Leben und was das Leben der anderen verwandeln könnte.

Würde Ich das tun und dann die Gabe in meiner Hand verweigern? Würden irdische Eltern ihr Kind an ein großes Fenster führen und ihm zeigen, wonach es sich sehnt, und dann sagen: „Ja, wir zeigen dir dies, wir könnten dir mehr als dies geben, aber wir haben keine Lust dazu. Lebe, wie du bist, eng, beschränkt, in Not." Nein! Ebensowenig wird der himmlische Vater seine Kinder narren. Ich sehne mich, durch dich schöpferisch zu sein. Ich sehne mich, mein Königreich in den Herzen der Menschen zu offenbaren. Ich kann es tun, indem Ich durch diejenigen wirke, die im Schatten meiner Flügel leben. Fürchte nicht, daß irgendeine Gabe, die Ich für dich habe und die deiner Befreiung dient, zurückgezogen werde. Arbeite mit mir, erschaffe mit mir, hilf mir, diese Wünsche deines Herzens hervorzubringen.

Sei ganz still, denn bald sollen sich die Himmel meiner Fülle öffnen, und solche Herrlichkeit soll deine Tage erfüllen, wie du sie nie erträumt hast. Dann wirst du wissen, daß das Königreich des Himmels jetzt hier ist, sowohl auf der geistigen wie auf der materiellen Ebene, für alle, die lieben und dienen und das Gesetz erfüllen. Noch einmal sage Ich: Friede, Ruhe, erwartendes Dienen — dann wird es nur eines Augenblickes bedürfen, um alles für dich neu zu machen.

ALLES IST VOLLKOMMEN

Du hast meine Stimme vernommen, und die Bedeutung der Worte, die Ich spreche, wird in deinem Herzen klar. Du verstehst, daß es im Königreich des reinen Geistes nichts gibt, was kommen und gehen kann, aufstehen und fallen, versagen oder gelingen. Im Königreich des Geistes, am heiligen Ort des Inneren, ist alles vollkommen — Fülle des Lebens, Freude, Weisheit, Erfüllung! Da gibt es kein Schwanken, keine Gegnerschaft, alles ist reine Substanz. Und wenn du in dieser Substanz, in diesem Wesentlichen lebst, wird alles, was aus dieser Wirklichkeit kommt, auf das Reich der Schatten, auf die sachliche Ebene reflektieren. Alles, dessen du für das vollkommene Tätigsein auf dieser Ebene bedarfst, soll sich offenbaren.

So brauchst du, wenn du in diesem sicheren Wissen ruhst, keine Furcht zu haben, denn du setzt dein Vertrauen nicht auf Vergängliches, das dem Verfall unterliegt, da du weißt, woher deine Versorgung kommt. Sei ganz still, trinke aus der Urquelle reinen Wassers, des Lebenswassers, und du wirst nie mehr Durst leiden.

LERNE NUR VON MIR

Du kannst von anderen meiner Kinder Wahrheiten lernen; doch nur durch deinen Herrn, den Christus im Inneren, kannst du wirklich die Wahrheit wissen. Wenn du ruhig wirst und still in dir, dann kann das liebevolle, heilige Wesen meiner Gegenwart jede Fiber deines Seins durchdringen und durch diese Durchdringung solchen Glanz, solche Innigkeit, solche Bewußtwerdung bringen, daß alle menschlichen Lehren, alles nur irdische Wissen im Vergleich dazu nur wie Spreu sind. Glaube nie auch nur für einen Augenblick, das von anderen gewonnene Wissen könne genügen. Erlange dieses Wissen — das ist gut und ist meine Wahl für dich. Aber komme auch ganz nahe zu mir, damit wir zusammen die innige Vereinigung halten, von der die Welt nichts weiß.

Wie ein Alabastergefäß, gefüllt mit den seltensten Wohlgerüchen, ist dieser geheiligte Ort im Inneren, wo du deinem König begegnest. Wisse, daß er immer in dir ist. Nichts kann ihn dir fortnehmen, Welten mögen kommen und gehen, Sonnen, Monde aufgehen und untergehen, um nicht mehr zu sein; aber nie soll diese liebende Gegenwart dich verlassen.

Immer, mitten in all dem Durcheinander und der Unruhe des Vergänglichen, wirst du den Schleier beiseite ziehen und den geheiligten Tempel deiner eigenen Seele betreten können. Geliebte, bewahre den geheimen Schlüssel gut, der dir diesen Eintritt verschafft, denn nur wenige kennen den Weg. Viele suchen, aber nur wenige finden. Schmal ist der Weg und steil der Pfad, der in das ewige Allerheiligste in dir führt, aus dem alles kommt, was dein Leben lebenswert macht.

WEIDE MEINE SCHAFE

„Weide meine Schafe!“ So viele sind hungrig, sie wissen nicht, was sie tun sollen oder warum; ihre Seelen haben sich ganz verirrt auf fremde Weiden. Zu dir, die du den Schlüssel zum Königreich der Seele erhalten hast, sage Ich nun: Speise diese anderen, damit auch sie die grünen Wiesen betreten können und von der heiligen Quelle trinken.

Viele von ihnen, in der Schrift mit Schafen verglichen, werden später deinen Weg kreuzen, und wenn du dicht an meiner Seite gehst, werde Ich sie dir zeigen. Ich werde dir leise die Worte des Lebens für sie zuflüstern, und du wirst sie lehren und sie auf den Weg des wahren Lebens führen. Aber andere werden in die Herde kommen, die wie Böcke sind; sie wünschen nur äußere Belohnung; sie suchen hier und dort, um mehr zu verschlingen. Mit diesen sollst du keinen Umgang haben, denn die Worte des Lebens sind zu kostbar, um sie ihnen hinzuwerfen. Du fragst: „Wie soll ich sie erkennen?“ Indem du im Inneren ganz still bist, damit Ich, der Herr deines Seins, mit klarer Stimme sprechen kann; so wirst du sie erkennen.

Diese Böcke sind in jeder Herde und stören meine Schafe. Sie nehmen die Nahrung, die meinen Schafen gegeben wurde, und verunreinigen sie, so daß sie wertlos wird. Aber fürchte dich nicht. Ich warne dich nur, damit du ganz stille bist, bevor du meine heilige Botschaft weitergibst. Dann wird kein Wort verloren sein oder leer zu mir zurückkehren.

DIE GÖTTLICHE IDEE

Sei ganz still! Ich, der Herr dein Gott, bin es, der dich leitet. Meine Hand führt dich Tag für Tag fort aus den alten ausgetretenen Pfaden, vorwärts und aufwärts in neue und höhere Reiche.

Und nun lernst du, mich zu erkennen, lernst du, daß wir wirklich zusammen gehen und sprechen und wirken. Es ist dir täglich enthüllt worden, wie jeder Gedanke von meinen göttlichen Ideen durchdrungen ist. Ich bin Idee. Erst dann, wenn du diese Ideen als die Wahrheit in dir anerkennst, bist du unter der reinen Führung dieser ihrer Gegenwart. Aber du siehst, daß du zuerst mich anerkennen mußt. Deine Aufgabe ist es nicht, in deiner schwachen, sterblichen Art diese Ideen zur Reife zu bringen. Vergiß solches Planen, vergiß sogar, daß es einen Geist mit scheinbarer Fähigkeit zum Planen gibt. Bleibe nur standhaft in dem sicheren Wissen, daß der Geber des goldenen Gedankens auch die Möglichkeiten hat, ihn zu verwirklichen.

Störe nicht das Prinzip des göttlichen Stromes, erst zu denken, dann zu verwirklichen; so wird alles in vollkommener Gesetzmäßigkeit und Ordnung auf der materiellen Ebene geschehen.

Aber du sagst: „Herr, sicher habe ich doch einen tätigen Anteil an diesem Hervorbringen?" Und Ich antworte dir: Du aus dir selbst kannst nichts tun. Dein Teil ist es, offen zu bleiben, dein Ohr eingestimmt zu halten. Wenn Ich spreche, wenn Ich sage: Handle, bist du bereit zu handeln, nicht aus deinem eigenen Entschluß. Du bist frei von jedem menschlichen Gedanken, Meinen und Planen, und Ich handle durch dich und leite jede Bewegung.

Ich sage dir: Mein Kind, dies ist der einzige Weg, durch den die göttliche Idee als eine göttliche Manifestation hervorgebracht werden kann. Und so bist du gesegnet, wenn du an deine täglichen Aufgaben gehst. Du weißt, daß du in jedem Augenblick genau an dem Platze bist, an dem der göttliche Geist dich zu haben wünscht, um unmittelbar die göttliche Idee zu empfangen. Dann wird das Werk des Königreichs durch dich, mein Instrument, auf der Ebene der Manifestation hervorgebracht werden und Wohnung in den Herzen der Menschen finden.

Und jetzt bleibe Friede in dir! Ich bin dir sehr teuer geworden und deinem Bewußtsein sehr nahe. Nie wieder sollst du allein an fremden Stätten wandern — immer soll die Lebendige Gegenwart deines Herrn dir zur Seite sein. Der Pfad wird von der Sonne beschienen, die Luft wird ruhig sein und erfüllt von dem Duft des Reinen Geistes, und alle deine Berührungen mit der Welt um dich sollen Friede und Liebe und Freude sein. Immer soll dein Ohr auf die innige Musik meiner Stimme lauschen, denn du hast gelernt, sie durch alles Getöse und Geräusch des Lebens um dich herum zu hören. Und so noch einmal: Segen! Und wisse ganz sicher: Schau, Ich bin immer in dir. Nichts kann dich je trennen von der Liebe, die ewig im Himmel deines Herzens ist.

ENDE

Es ist beendet. Mein Vater, ich gebe dir die Worte des Lebens zurück, die Du mir gegeben hast. Mögen sie hinausgehen, um andere Leben zu segnen und sie zu einem lebendigen Bewußtsein ihres Einsseins mit Dir führen!

Weitere Buchtitel von Eva Bell-Werber:

DIE STIMME DES MEISTERS. 77 Seiten

IN SEINER GEGENWART. 72 Seiten

DER WEG IN EIN HÖHERES BEWUSSTSEIN. 96 Seiten

Diese weiteren Buchtitel von Eva Bell-Werber wollen, wie auch das vorliegende Buch „Stille Gespräche mit dem Herrn" zum Hinhören auf Gott und zur Bewußtwerdung des Einsseins von Gott und Menschen führen. Die leise Stimme unseres göttlichen Selbstes in unserem Inneren wahrzunehmen und uns von ihr nicht nur in unseren stillen Stunden, sondern auch in unserem arbeitsreichen Alltag leiten zu lassen, ist der Sinn dieser Bücher.

Ihre Aufzeichnungen wurden in der Reihenfolge: Stille Gespräche mit dem Herrn – Die Stimme des Meisters – in seiner Gegenwart – Der Weg in ein höheres Bewußtsein – veröffentlicht.

Turm-Verlag, Hindenburgstraße 5, D-74321 Bietigheim-Bissingen
Telefon: 07142-940843, eMail: info@turm-verlag.de

Rebecca Beard, WAS JEDERMANN SUCHT

Gesundung durch Einheit des Lebens. 164 Seiten

Professor Jores (Hamburg) spricht einmal von den sehr verschiedenen Wegen, die Arzt und Priester im Laufe der Entwicklung gegangen sind. „Heute laufen die Wege, die sie einschlugen, wieder zusammen." – Dies erlebte die amerikanische Ärztin Rebecca Beard. Nach zwanzig Jahren ärztlicher Praxis führt eine seelische Krise, verbunden mit der plötzlichen Heilung eines tödlichen Herzleidens, sie zur Erkenntnis, daß auf Grund ihres bisherigen materialistischen Denkens niemals die Gesundung des ganzen Menschen erreichbar ist. Fortan wird ihr der Beruf zum „priesterlichen Amt", zum Dienst an dem göttlichen Ebenbild in jedem Menschen. Sie und ihr Mann werden Zeugen kaum faßbarer Heilwirkungen. Darüber berichtet ihr Buch.

Rebecca Beard, UNSER ZIEL

Befreiung unserer schöpferischen Lebenskräfte. 164 Seiten

In diesem Buch werden die Ideen der geistigen Einheit entwickelt, welche Rebecca Beard durch ihre vielen Erfahrungen während ihrer langjährigen Praxis als Ärztin unterbaut. Sie zeigt überraschend, welchen Einfluß Gedanken und Gemütsbewegungen auf unsere seelisch-köperliche Gesundheit haben. Aus dem streng logisch angelegten Weg von der „Befreiung unseres Bewußtseins" bis zum „Reifwerden in unserem Empfindungsleben" kann man den Pfad zur Verwirklichung „unseres Zieles" erkennen.

Rebecca Beard, UNSER AUFTRAG

Die Entwicklung des inneren Menschen. 162 Seiten

„Unser Auftrag" vollendet diese wunderbare Trilogie. Es handelt von der Berufung oder der göttlich bestimmten Mission eines jeden von uns. Dr. Beard ist überzeugt, daß diese Niederschriften nicht ein Produkt ihrer eigenen Überlegungen sind, sondern zu ihr gesprochen wurden, um sie zu stützen, so wie sie hofft, daß sie zu anderen sprechen und ihnen helfen werden.

Johannes Fischedick, ÜBER ALLEN WUNDERN BIST DU

Dieses Büchlein (32 Seiten) enthält Gespräche der Seele mit Gott, wachsende Meditationen, wachsend bis zum letzten Einssein. Es erinnert an Jakob Böhmes „Gespräche der Seele“ und an das „Hohe-Lied“ in der Bibel.

Johannes Fischedick, VOM INNEREN LEBEN. 78 Seiten

Auf jeder Seite dieses Büchleins voll Licht und Liebe empfindet man: Hier spricht die Stimme des Geistes, das ewig lebendige Wort.

DIE GEGENWART GOTTES, eine wirkliche Erfahrung
Gespräche und Briefe von Bruder Laurentius. 90 Seiten

Die schlichte innige Gottesweisheit des alten französischen Karmeliter-Mönches aus dem 17. Jahrhundert, der längst zu unseren religiösen Klassikern gehört, kommt dem Suchen unserer Zeit besonders entgegen.

DER MANN, DER MIT DEN BLUMEN SPRICHT
von C. Clark. 90 Seiten

Diese Lebensgeschichte des Dr. George Washington Carvers, eines Mannes, der schon von früher Jugend an die göttliche Einsprache im Menschenherzen erfahren durfte, zeigt uns, daß der Mensch auch zu Blumen und Pflanzen eine gewisse Bindung hat. Durch seine Liebe zu ihnen wurde ihm durch geistige Einsprache der Wert und die Verwendungsmöglichkeit von Blumen und Pflanzen zum Wohl der Menschheit zuteil. Das Büchlein schildert Ausschnitte aus seinem Leben, seinen wunderbaren Führungen und geistigen Erlebnissen. Es regt dadurch die Leser zum Nachdenken über die Ganzheit der Lebensbereiche an.